To Valeri.

from Pelé.

This should do wonders
for your french.

THE FRANGLAIS
LIEUTENANT'S
WOMAN

THE FRANGLAIS LIEUTENANT'S WOMAN

Miles Kington

ILLUSTRATED BY DEBBIE RYDER

 Robson Books

First published in Great Britain in 1986 by Robson Books Ltd,
Bolsover House, 5-6 Clipstone Street, London W1P 7EB.

Copyright © 1986 Miles Kington

British Library Cataloguing in Publication Data

Kington, Miles
  The franglais lieutenant's woman: and
  other literary masterpieces
  I. Title 848'.91407   PQ2671.I/

ISBN 0-86051-398-X

Printed in Great Britain by
St Edmundsbury Press Ltd, Bury St Edmunds, Suffolk

Contents

The Franglais Lieutenant's Woman

Un novel complet
Condensé et traduit de l'original
par John Fowles

Lyme Regis est un typical village de fishing sur le South Coast d'Angleterre, une de ces petites villes qui, sur la route à nowhere, n'ont pas été totalement ruinées par le progrès et les juggernauts. Pittoresque, mais business-like, Lyme Regis est toujours un beau petit spot, suitable, par exemple, comme une refuge pour un auteur comme moi. Depuis 1867 elle n'a pas beaucoup changée. Si un habitant de Lyme en 1867 fut transporté soudain par time travel en 1967, il dirait: 'Pouf! Lyme n'a pas beaucoup changé! Un peu de growth surburbain, peut-être, et ces choses curieuses qu'on appelle saloon cars, mais otherwise c'est pretty much la même.'

C'est ici que j'ai écrit mon novel classique, 'The Franglais Lieutenant's Woman', et c'est aussi ici que les gens de Hollywood ont choisi pour le filming du major movie du même nom. Vous avez jamais vu les gens de Hollywood en action? C'est fantastique. Ils disent: 'Hmm – away avec les poles de telegraph! Away avec les double lignes jaunes, et les parking meters! Up avec les pseudo-façades Victoriennes! Bring on les stage-coaches et les yokels en smock!' Dans le twinkling d'un oeil, vous avez un fake Lyme Regis. J'aime bien cela. Le mingling de l'illusion et la réalité, c'est mon stock en trade.

Et si vous transportez l'habitant de 1867 en 1986, il serait quite unaware qu'il était dans un film set. Parce que en 1867, il n'y avait pas de film sets. Vous ne savez pas? Eh bien, vous savez maintenant. Parce que mes novels sont pleins de knowledge incidental comme ça. Stick avec moi, et vous allez recevoir quite une éducation.

Où étais-je? Ah, oui. En 1867, à Lyme Regis, Charles et Ernestina prenaient un petit stroll, totalement unaware qu'ils étaient dans un major novel. Charles était un des ces Victorian gents qui ont plenty d'argent et plenty de leisure time. Jeune, prepossessing, un bachelor, avec un joli petit sparkle, il n'avait pas précisément un job. Un job pour un gentleman, ce n'était pas nécessaire en 1867. Maintenant, si vous dites: 'Je n'ai pas un job,' on dit: 'Ah, pauvre petit, vous formez partie de l'army des unemployed, personellement je blame Mrs Thatcher, je vais avoir un petit mot avec Uncle Fred, peut-être a-t-il un opening dans Allied Drinks etc'. Mais en 1867, on disait: 'Il n'a pas un job. Il est un gentleman.' Intéressant, eh?

Charles était un fanatique des fossils. Oui, avec son petit hammer et son petit fossil-bag, il parcourait le landscape de Lyme Regis et les environs pour chercher les relics jurassiques et dévoniens. Un waste de time? Peut-être. Mais il faut se souvenir qu'en 1867 Charles Darwin était hot news. L'évolution, oui ou non? C'était une burning question. Donc, Charles cherchait les fossils, dans l'espoir de dire: 'Oui! Darwin est sur le ball!* Ce petit fossil est le proof!' Oui bien: 'Darwin est un vieux charlatan, et le Livre de Genesis est le gospel truth.'

Charles était aussi good-looking, pas hunky exactement, mais attractif. Un peu comme Robert Redford, peut-être. Of course, dans le film il etait joué par Jeremy Irons, qui n'est pas truthfully mon exacte idée de Charles, mais je n'avais pas total control sur le casting. Some vous gagnez, some vouz perdez ...

Et Ernestina était un produit typical de l'époque de Victoria (1837-1901). Sa fiancée Ernestina était jolie, pert, indépendente, bien éduquée, et quite a catch pour un gentleman comme Charles. Elle tolérait la passion de Charles pour les fossils, et pourquoi pas? Être jaloux des fossils, c'est stupide. Je ne vais pas donner une pleine description de Ernestina parce que, si vous voulez vraiment savoir, je ne suis pas un dab hand avec l'analysis des femmes. Les femmes sont un mystery breed pour moi. Fascinant, mais un mystère. Well, never mind.

So, Charles et Ernestina prenaient un stroll dans Lyme Regis, en

*Of course Charles n'aurait pas dit: 'Sur le bal'. C'est une expression moderne, une phrase de soccer, datant de 1953.

1867. Vous avez la picture? Up le High Street, down le High Street, et puis along la plage, un stroll ordinaire, quoi. Et ils parlaient des choses dont parlent les fiancés.

'Quand nous sommes mariés, il faut que j'aie une chambre spéciale pour mes fossils.'

'D'accord, Charles. Et aussi une chambre speciale pour les enfants.'

'Enfants? Quels enfants? Nous n'avons pas d'enfants . . .'

'Pas encore, Charles. Mais by et by . . .'

'Ça sera chic!' s'écria Charles. 'Des petits enfants, qui vont m'accompagner sur le fossil-hunt! Oui, beaucoup de petits enfants, pour continuer le good work de fossil-hunting.'

Ernestina avait un petit frown sur sa pretty face. Hmm. Fossil-hunting était OK comme un hobby, mais il était un peu obsessionel. La palaeontologie n'est pas necessairement héréditaire, elle pensa. En quoi, elle était wide du mark, parce que le Leakey family de East Africa a changé la palaeontologie en un family business. Mais, en 1867, c'était difficile à anticiper.

Meanwhile, Charles et Ernestina continuaient leur stroll jusqu'au Cobb. Vous avez vu le film de 'The Franglais Lieutenant's Woman'? Le Cobb était un landmark dans ce film. C'est un grand breakwater, ou plutôt un quai, ou peut-être un sea-wall – anyway, c'est une grande construction de rocks et boulders qui est un landmark de Lyme Regis, espéciallement après le movie de 'The Franglais Lieutenant's Woman'. Je ne sais pas pourquoi il s'appelle le Cobb. Je ne peux pas faire le research de tout, vous savez. Je ne suis pas omniscient.

'Regarde!' dit Charles. 'Qui est la femme au bout du Cobb?'

Dans la drizzle, ils pouvaient voir une lone figure, dans un cloak, en position au tip du Cobb. Un peu comme la Statue de Liberté, quoi, ou peut-être comme Jean la Baptiste – solitaire, mélancholique, triste, enveloppée dans ce grand cloak.

Ernestina donna un petit shiver.

'C'est the Franglais Lieutenant's Woman,' elle murmura.

'Come again?' dit Charles.

'C'est une triste histoire,' dit Ernestina. 'Elle est une countrywoman qui est tombée amoureuse d'un matelot franglais. Last year, il y avait un shipwreck. Le lieutenant a été rescuée. Il a eu une affaire avec une pauvre, simple countrywoman. Puis le lieutenant est rentré en France, en disant: 'Attends-moi, honey, je vais revenir avec un ring et une wedding date'. Et maintenant, chaque jour, elle est sur le Cobb, avec les yeux fixés sur le coast-line de France.'

10

En silence, Charles et Ernestina marchaient le long du Cobb. Il était très windy, not to say stormy, not to say tempestueux. La lone figure se tenait là, comme un light-house, ou bien un figure-head, avec le cloak whipping dans le vent. Vous avez vu le film? C'est très dramatique dans le film.

Au bout du Cobb, Charles donna un petit cough. Il ne voulait pas donner un shock à la Franglais Lieutenant's woman. Heuh, heuh, heuh, fit-il.

La lone figure ne se tourna pas.

Heugh, heugh, heugh, fit Charles.

Même réaction.

'I say!' dit Charles. 'Êtes vous OK? Il est très rough aujourd-hui.'

La lone figure se tourna.

Consternation!

Ce n'était pas une jeune femme.

Ce n'était même pas une femme.

C'était un homme, bearded, avec sun-glasses.

'Mon Dieu!' fit Charles. 'Vous êtes un homme, bearded, avec sun-glasses. Où est Meryl Streep?'

'En California,' dit l'homme. 'Je fais le stand-in pour cette scène. Dans un cloak, from behind, qui sait la différénce?'

Charles donna un gasp. L'homme etait très handsome.

'Qui êtes-vous?'

'Je suis Chuck Yerbonski, 3ème assistant producteur sur le film. Je suis de la même physique que Meryl Streep, donc un naturel pour le stand-in.'

Charles donna un second gasp. Chuck Yerbonski était *très* handsome. Sur le spot, il tomba amoureux de ce chunky 3ème assistant producteur du film.

'Charles!' dit Ernestina. 'Charles? Charles! CHARLES!'

Il était trop tard. Charles, un jeune gentleman de 1867, était madly in love avec Chuck, un assistant producteur de 1986, avec beaucoup de complications sociales. Mais Charles était blind aux implications. Une belle petite histoire, non?

Venant bientôt à votre neighbourhood screen.

The Franglais Lieutenant's Assistant Producer!

Mind-boggling, hein? Un blending de réalité et illusion?

Well, why not?

'Beats the French Lieutenant's Woman dans un cocked hat' (Barry Norman).

Nominé pour 11 Oscars.

Don't miss it.

A Little Bit de Genesis Sur La Side

Une Feydeau farce, after une idée par God

ACTE 1

Le Jardin d'Eden. Beaucoup de creeping choses, fowls de l'air, animaux du field, unicornes, dodos, etc. Entre Eve. Elle est blonde, about 29 ans, et naked.
Eve: Adam! Adam!
Elle écoute. Pas de réponse.
Eve: Où est ce dratted homme? Adam! Adam!
Similaire résultat.

Eve: Bon Dieu. Il n'est jamais là. Always off avec quelque nouveau-fangled plan pour l'improuvement du Jardin. 'Je serai très busy today. Je vais construire un nouveau summer-house. Ne m'attendez pas pour dinner.' Il pense plus du Jardin que du moi! Adam! Adam!
Rien, pas même un écho.
Eve: Il dit toujours, 'Sans moi, le Jardin serait un mess. Et God serait angry.' Mais, heavens above, le Jardin serait parfaitement OK sans lui – after all, God est omniscient et omniefficient, n'est-ce pas? Oui. Alors, s'il invente un Jardin, le Jardin sera self-cleaning et self-sufficient, n'est-ce pas? Oui. Alors, Adam et son gardening, c'est une waste de time, n'est-ce pas? Oui, absolument, sur le bouton.
Une pause.
Quand vous êtes alone dans le monde, la plupart du jour, vous avez un

12

tendency à conduire cette sorte de double conversation, n'est-ce pas? Oh, oui, définitivement.

Une pause

L'existence dans le Jardin d'Eden est idyllique, no question, absolument parfaite, mais ... mais c'est aussi incroyablement monotoneux. Même weather, même company, même routine, chaque bloody jour. Last night, au dîner, il y avait Adam et moi. Night before last, c'était moi et Adam pour dîner. Night before that, the two de nous, Adam et moi. Et so on ... chaque jour de mon existence! Well, occasionally, vous avez God qui paie ses respects à Happy Hour, mais God n'est pas exactement sparkling company, n'est-ce pas? Oh, really? Well, Il n'a pas beaucoup de small talk. Chaque remarque que je fais, Il dit: 'Je sais'. Every time. Well, l'omniscience est boring after a while, n'est-ce pas? Well, of course.

Pause

Actually, le grand snag est que Adam et moi, nous ... well, frankly, notre sex life est nil. Oui, notre sex life est barren. Ironique, eh? Ici, dans le Jardin de Paradis, idyllique et tout ca, mais aucun love-making. Je voudrais bien avoir une affaire, mais avec qui? Hein? Si votre husband est le seul living male, l'infidélité devient difficile. Adam! Adam! Où est-il, for heaven's sake?

Exit. Curtain.

ACTE 2

Un autre spot dans le Jardin d'Eden. Beaucoup de trellises, arbours, gazebos, etc. Entre Adam, avec une spade. Il est otherwise naked.

Adam: Eve? Eve? Où est cette dratted femme?

Il s'adresse à une passing giraffe.

Excusez-moi – de votre vantage, pouvez-vous voir ma femme?

La giraffe donne un shrug des shoulders, ce qui est assez difficile pour une giraffe, et passe dans les wings.

Adam: Sale bête. Ils n'ont pas de respect pour moi – moi, le créateur de ce jardin! Eh bien, moi et God .... Eh bien, God est le créateur du monde, OK, mais Il l'a laissé dans un tel mess. Dandelions, ground elder, herbe de couch ... il a fallu tout cultiver. C'est un 7-day job, et nulle mistake. C'est OK pour God, le day off sur le Sabbath, mais si vous êtes en charge du gardening il n'y a pas de days off! Il y a a no rest pour les wicked. .... Wicked? Drôle de mot. Que signifie 'wicked'?

Il remarque un slug. Il l'extermine.

Adam: Comprenez-moi bien. Je ne suis pas anti-God. Il a fait un job terrifique. Mais pourquoi les slugs? Et pourquoi, surtout, les greenfly?

Il a inventé le greenfly, mais Il a oublié le garden spray. God est un grand God, mais Il est un lousy gardener. Eve! Eve!

Un fox passe, avec un fowl de l'air dans sa bouche.

Adam: Laisse-le, sale fox!

Le fox laisse tomber le fowl de l'air et sort à la double. Adam ramasse le spécimen de poultry.

Adam: Bon. Roast fowl de l'air pour supper ce soir. . . . Pendant que je suis sur le subject de God, j'ai un autre complaint. Eve. Ma femme. Mon missing rib. Well, j'aime beaucoup Eve, mais elle a perdu un peu son sexiness. Au début, c'était fantastique. Mais maintenant, la magic de notre sex life est un peu dim. Well, frankly, c'est nil. Elle ne flirte jamais avec moi. Est-ce que, par hasard, elle mène une affaire clandestine avec un autre homme? Non. Quel autre homme? C'est idiot. And yet. . . . Eve! Eve! J'ai un fowl pour le pot! Eve!

Il passe dans les wings. Curtain.

ACTE 3

Dans l'orchard du Jardin d'Eden. Entre Eve.

Eve: Bon! Nous avons eu un peu de progrès, un peu de scene-setting. Vous avez rencontré les deux caractères principales, c'est Adam et moi, et vous êtes au fait avec le set-up. Ah – c'est vrai, vous n'avez pas rencontré God! Well, Il sera ici by et by. Il est très unpredictable, God. Pendant des jours on ne Le voit pas, et soudain – bam! Il est là. C'est tres handy, le transport instant.

Entre un serpent.

Mais le dreary scene-setting est fini maintenant, et nous pouvons avoir un peu de plot, un peu d'intrigue. Mark you, avec deux caractères seulement, je ne vois pas très bien comment . . .

Serpent: Psst! Eve!

Eve: Quoi? Qui? What the . . . Ah, serpent, c'est vous. Vous m'avez donné quite un choc.

Serpent: Un peu jumpy aujourd'hui, sommes-nous?

Eve: Non, non. C'est seulement que . . .

Serpent: . . . que votre sex life est down le spout.

Eve: Non! Well, oui. Mais comment vous savez . . .?

Serpent: Oh là là! Vous marchez dans le jardin, vous parlez out loud, vous dites des choses très intimes, des confessions personelles . . . tout le monde est dans le know.

Eve: Well, je ne suis pas ashamed.

Serpent: Mais j'ai la solution à votre sex problem. Oui, moi seul, je connais le key de votre frustration.

Eve: Dites-le-moi!

Serpent: Vous voyez ce pommier? Le grand apple-tree? Mangez une pomme, et votre love-life sera parfait.

Eve: Voilà un joli bit de sex-counselling! Mangez une pomme! Ayez beaucoup de fun! Vous êtes un farceur!

Serpent: Non, mais essayez already.

Eve: Ah non. God a dit: 'Ne touchez pas le pommier! Hands off la fruit!'

Serpent: God, schmod – who cares?

Eve: Vous êtes Jewish, par hasard?

Serpent: Of course. Nous sommes tous Jewish ici. Maintenant, essayez une pomme. Go on! God n'est pas ici. Aujourd'hui Il inspecte le firmament.

Eve: Well . . . juste un morsel, alors.

Elle commence à manger la pomme.

Eve: Mmm – pas mal. Crunchy mais tangy. Un bon goût, et pas beaucoup de pips. Comment elles s'appellent?

Serpent: Sinful Delicious. Continuez . . . est-ce que vous avez des pensées un peu – sexy?

Eve: Oui, c'est vrai. Je deviens un peu frisky. Vous voulez manger, vous?

Serpent: Non, merci. Je suis sur un diet.

Adam: *(off-stage)* Eve! Eve!

Eve: Chut! C'est mon mari! Il faut trouver un hiding-place!

Serpent: Pourquoi vous voulez vous cacher?

Eve: Pas moi, idiot – vous! Adam est très jaloux!

Serpent: Même des creepy-crawlies?

Eve: De tout. Allez – dans l'arbre!

Le serpent se camouflage dans l'arbre. Entre Adam.

Adam: Ah, vous voilà! Mais j'ai écouté du talking. Vous étiez en conversation avec quelqu'un? Vous me trompez sur le quiet?

Eve: Non, chéri! Vous êtes si suspicieux! Tiens, essayez cette pomme. C'est très tasty.

Adam: Hmm. Une pomme. Apple sauce avec roast fowl de l'air. Parfait.

Eve: Allez, mangez!

Adam: OK, OK.

Il prend un mouthful.

Adam: Mmm, c'est très toothsome. Où vous l'avez trouvé?

Eve: Sur cet arbre là.

Adam: Ah, non! L'Arbre de la Connaissance du Bien et du Mal!

Eve: Ah, oui? J'ignorais le nom botanical.

Adam: Ah, nous sommes pour le high jump maintenant! Si God nous attrape. . . !

Eve: Et qui va Lui dire? Vous? Moi?

Adam: Hmm . . . vous avez peut-être raison. . . . Un moment. Pour la premiere fois, je remarque que vous êtes dans une state de nudité.

Eve: De quoi?

Adam: De nudité. Ca veut dire . . . l'absence de clothes.

Eve: Clothes? C'est quoi?

Adam: Je ne sais pas. Clothes, c'est pour couvrir les naughty bits.

Eve: Naughty bits? Je ne comprends pas.

Serpent: Monsieur et madame, permettez-moi de me présenter. Je suis dans le wholesale et retail garment trade. Cheapest dans le Jardin, already!

Adam: Vous êtes Jewish, ou quoi?

Serpent: Vous êtes anti-Sémite, par hasard?

Adam: Pas du tout. Je suis Sémite, moi-même.

Serpent: Bon. Alors, je vous propose un natty lightweight suit de best quality foliage, assemblé dans nos workshops.

Eve: Et pour moi?

Serpent: Un stylish two-piece, en banana leaf.

Adam: C'est en fashion?

Serpent: C'est le latest!

Adam: OK. Clothes pour deux personnes.

Serpent: Bon. Ready, Thursday.

Il prend leurs mesurements avec un tape-worm. Curtain.

ACTE 4

Le Jardin d'Eden. Where else? Entrent Adam et Eve, habillés dans le latest style.
Eve: Vous êtes très chic.
Adam: Vous êtes très . . . sexy!'
Eve: Tu trouves?
Adam: Absolument. La nudité est predictable, mais les clothes sont très . . . suggestifs.
Eve: Darling, si vous ne faites pas le gardening cet après-midi, how's about un peu de dalliance?
Adam: Un peu de love-making, tu veux dire?
Eve: Oh là là, tu es très forward!
Adam: Et pourquoi pas? Ah, elles sont dynamites, ces pommes! OK, off avec les clothes!
LE REMAINDER DE CET ACTE EST CENSORED.

ACTE 5

Un coin de Jardin d'Eden. Eve est devant un miroir, mettant un peu de lipstick.
Eve: (chantant) 'Si vous étiez le seul boy dans le world, et moi, j'etais la seule girl – magique!'
Entre God, dans un puff de smoke!
God: Bonjour, Eve.
Eve: Bonjour, God. Ça va?
God: Oh, ça va. Un peu de trouble avec le géant panda. Shortage de bamboo, vous savez. Mais rien de grave. Et vous?
Eve: Oh, oui, ça boume!
God: Juste un moment. Pourquoi vous portez des clothes? Ce n'est pas dans le contract! Et ce lipstick!
Eve: Ah. Yes. Well, c'est le fashion, vous savez.
God: Fashion? Fashion est un sin! Vous avez mangé les pommes de l'arbre défendu! Vous avez tout ruiné!
Eve: C'est un peu over le top, n'est-ce pas? Un kilo de Sinful Delicious, et c'est la fin du monde?
God: Je vois que la discipline est devenue très lax ici. Time for un peu d'action drastique.
Adam: (off-stage) Eve! Eve! C'est votre lover-boy ici!
Eve: Voilà mon mari. Il va tout expliquer.
Entre Adam.

18

Adam: Eve . . . ah, ça alors! Dans mon absence, tu es unfaithful! Qui est ce bloke? Right, mate, c'est curtains pour toi!

Adam attaque God, avec un shower de kicks et punches. God l'attrape dans un half-Nelson.

God: C'est Moi, God!

Adam: Oops. J'ai le feeling que j'ai commis un grand blooper. Sorry, God.

God: Trop tard, mate. Le set-up est blown.

Eve: Meaning . . . ?

God: C'est exil permanent pour vous deux. Le Jardin d'Eden est maintenant off-limits.

Adam: Blimey. On a inventé le house-moving.

Entre le serpent.

Serpent: Bonjour, folks! Je vous presente le bill pour votre clothing. Materiaux, 7 cowrie shells. Labour, 14 cowrie shells. C'est 21 cowrie shells, mais avec discount 20.

God: Et c'est l'exil pour vous aussi, serpent!

Serpent: Oh blimey, c'est le boss.

God: Right – out! Tous les trois!

Eve: On peut prendre un dernier kilo de Sinful Delicious?

God: Out!

Adam: OK, OK. On part, on part.

Exeunt Adam, Eve et le serpent.

God: Well, folks, c'est juste about la fin. Sorry s'il n'y avait pas beaucoup d'intrigue, mistaken identité, missing personnes dans le cupboard, etc, mais avec deux personnes et une absence totale de furniture, c'est difficile. Still, c'est plus intéressant que l'Old Testament, n'est-ce pas?

As for le Jardin d'Eden, well, dans l'absence d'Adam le gardener, il est allé à rack et ruin. Brambles, weeds, ground elder, le lot. Puis il y avait l'érosion, et le top-soil disparut, et le désert en résulta. Triste, n'est-ce pas? Le Desert d'Eden. Ironique, really. Mais en 1937 on decouvrit un oil-field là. Oui! Soudain, une fortune pour tout le monde. Sauf Adam. Si Adam et Eve n'avaient pas mangé la pomme, ils seraient maintenant des millionaires.

Sur l'autre hand, leur sex-life serait toujours nil.

On ne peut jamais gagner, n'est-ce pas?

La vie est une no-win situation.

Sorry about that.

Bonne nuit, tout le monde, et drive carefully.

CURTAIN

Robinson Crusoe

ou
14 Messages Dans Une
Bouteille

Message 1.

'Help! Help! Mon nom est Robinson Crusoe! Je suis en shipwreck sur une île déserte. Il est horrible ici! M'aidez! M'aidez! Je suis désespéré! Merci. PS. Sorry, mais je connais ni le nom de l'île ni sa position. Mais hurry, hurry!'

Message 2.

'Help! Help! Mon nom est Robinson Crusoe! Je suis en shipwreck sur une île déserte. Avez-vous reçu mon last message? Non? Eh bien, n'importe, mais hurry, hurry! Je suis tout solitaire. J'ai seulement un peu d'équipement, et pas beaucoup de scoff. Je suis wet et cold et hungry. Surtout, je suis sujet à fits de depression. PS. Sorry, mais je ne peux pas donner une map référence.'

Message 3.

'Help! Mon nom est Robinson Crusoe. Ceci est un distress call. Je suis sur une île deserte. M'aidez. J'ai assez de scoff pour un mois, et il y a des fruits et légumes en abondance sur l'île déserte, mais hurry, tout de même. Le weather est so-so pour le time of year. PS. Je n'ai pas beaucoup de bouteilles pour les messages!'

Message 4.

'Help. Mon nom est Robinson Crusoe. Ceci est un routine distress call. Si vous passez dans un bâteau, je suis sur l'île avec le blazing beacon. J'ai organisé une petite maison et une stockade, aussi un allotment avec brussels sprouts, leeks, pois, etc., mais je serais très grateful pour un rescue attempt. Il est bloody monotone. J'ai seulement la Bible à lire. Entre vous et moi, la Bible est un peu prédictable. PS. J'ai encore 2 bouteilles pour les messages. 2 bouteilles seulement. Après ça – close-down!'

Message 5.

'Help. Mon nom est Robinson Crusoe. Oui, bizarre nom, eh? Crusoe. C'est un nom Yorkshirais, je crois. Mais j'ignore la dérivation. Anyway, je suis un castaway sur une île déserte, et any time que vous passez vous êtes welcome. J'ai passé 2 years ici et maintenant c'est pretty ship-shape et un cushy pad. Home-made baking, poisson frais, un petit vin domestique, etc, etc. Mais à être honnête, je suis terriblement home-sick. Et short de human company. J'ai un parrot, qui dit toujours 'Who's a pretty Crusoe, then?', mais ce n'est pas la même chose. PS. Ceci est ma bouteille finale! Over and out!'

Message 6.

'Avez-vous reçu mon dernier message? Dans lequel j'ai dit 'over and out'? Parce que c'était ma finale bouteille? Eh bien, après une research période de 3 years, j'ai découvert la technique de la manufacture de glass! Oui, mon glass est maintenant home-made, et j'ai un supply limitless de bouteilles!

'Sur l'autre main, si vous n'avez pas réçu mon dernier message, vous n'avez pas la faintest idée de mon drift, right? Right. OK, brief résumé. Nom de Robinson Crusoe, shipwreck sur une île déserte, maroon période = 5 years, rescue attempt très welcome. Meanwhile, si vous êtes short de bouteilles, je suis votre man! PS. Maintenant je suis très short de papier.'

Message 7.

'7 years ici, et maintenant je fabrique mon papier et mes bouteilles. Pas mauvais, eh? PS. Help.'

Message 8.

'Help! Help! Je suis en shipwreck sur une île déserte! C'est horrible! Il y a des cannibales ici! Après 8 années de solitude, tout est ruiné! J'ai construit un dream home, un lovely jardin et un swimming pool, et maintenant il y a des cannibales noirs ici! Help! Help! On va me manger! JE NE VEUX PAS ÊTRE MANGÉ! PS. HELP!'

Message 9.

'Help! Help! Les cannibales noirs sont rentrés! J'ai trouvé un foot-print sur la plage! Je ne peux pas dormir! Les cannibales sont partout dans mon neighbourhood! C'est un neighbourhood exclusif, et avec les cannibales noirs, il sera disastreux; les schools, house prices, late-night parties, etc, etc! M'aidez, m'aidez! PS. Envoyez les marines, si possible.'

Message 10.

'J'ai un apology à faire. Mes messages récents ont été un peu panicky. J'ai perdu mon bottle. Et un peu illibéral. Les cannibales noirs, ils sont OK, je suppose. Mais après 8 années d'être coq du walk, c'était un rude choc par moi. Vous comprenez? Mon petit kingdom, et puis – des strangers partout! So, j'ai paniqué. Anyway, maintenant tout est OK, grâce à mon firearm. Un firearm contre un cannibale – no contest. PS. Help, à votre leisure.'

Message 11.

'Well, je ne sais pas si vous êtes un regular reader de mes bouteilles, mais nous célébrons maintenant le 10ème anniversaire de mon arrivée sur cette île déserte. Oui, comme le temps s'envole, eh? 10 years, déjà! Gertie the goat est morte, mais Paddy le parrot est alive et well, et il a maîtrisé encore 2 phrases: 'Cannibales sur le port bow!' et 'Here come de judge!'. Nous avons eu un lovely crop d'asparagus, et le honey-suckle est en bloom.

'Vous remarquez que je dis 'Nous'? Oui, j'ai maintenant un compagnon ici! Il est un natif noir, nom de Friday. Promising chap, mais clumsy avec le clothing, qui est un novelty pour lui. PS. Une girl Friday serait préférable, mais on ne peut pas avoir everything.'

Message 12.

'Allo. Robinson Crusoe ici. Broadcasteur de messages en bouteilles. Pourquoi pas assurer un regular delivery avec une subscription annuelle? Le Crusoe Bulletin est le plus lively périodical de la Pacific – et les rates sont très raisonnables.

'Pas beaucoup de news en ce moment. Man Friday avance par leaps et bounds. Il a commencé par être docile et servile, mais maintenant il montre une indépendence encourageante. Il a fait quelques suggestions pour l'expansion du vieux homestead, et bon Dieu, pourquoi pas? Cela augmentera les property values.

'PS. Ceci n'est pas un distress call.'

Message 13.

'Allo. Robinson Crusoe ici, avec un special Christmas number. C'est party-time sur Crusoe Isle, et vous êtes tous welcome à faire le dropping-in pour un verre de sherry. Man Friday a construit un crib très acceptable, et maintenant je lui enseigne les carols de Noël, comme 'Away dans un Manger' ou 'Les 12 Jours de Christmas'. Un spot de difficulté là; je trouve difficile d'expliquer lords a-leapin' etc!

'Un petit business announcement, aussi. Man Friday est maintenant mon junior partner. Il a très bien travaillé cette année, et la promotion est overdue. PS. Quel business, vous demandez? Ah – voyez le next bulletin pour la reponse!'

Message 14.

'CRUSOE-FRIDAY Enterprises Ltd sont proud à annoncer l'opening d'un grand holiday complex sur Crusoe Isle! 30 self-catering units! 2 pools! 18-trou golf links! Restaurant, bar, dancing etc! Oui, le holiday d'une lifetime sur un island de paradis.

'5,000 copies de le leaflet ont été distribués dans 5,000 bouteilles. Hurry, hurry, hurry, avec votre coupon.

'Je m'intéresse beaucoup a un holiday Club Crusoe. Je suis over 18 années. Envoyez-moi tous les détails par first-class bouteille. Nom .... Adresse ....'

The Return of the Native

par Thomas Hardy

Knock, knock, knock.
'Entrez!' cria le clerk.
La porte s'ouvrit.
Il entra dans la chambre un homme énorme, avec une costume bizarre.
'Oui?' dit le clerk. 'Que voulez-vous?'
L'homme énorme prit un shambling step en avant, puis il parla.
'Kwanga oofolo pati namba,' dit-il.
'Quoi?' dit le clerk. 'Je ne suis pas sûr si j'ai attrapé votre drift . . .'
'Kwanga oofolo pati,' dit l'homme. 'Namba,' ajouta-t-il.
'Ah!' dit le clerk. 'Je comprends! Vous êtes le fameux native! Le native qui a fait le vanishing trick en 1879! Et maintenant vous êtes de retour!'
Le clerk ouvrit une autre porte.
'Sir, sir! Venez vite!'
Il y avait un petit interval.
Puis un homme important arriva.
C'était le Mayor de Casterbridge.
Il regarda le native.
Le native le regarda.
'Sir, c'est le return du native!' dit le clerk. 'Mais je ne comprends pas ce qu'il dit.'
'Kwanga oofolo pati namba,' dit le native.
Le Mayor de Casterbridge regarda le clerk.
'Vous êtes un complete imbécile,' lui dit-il. 'Vous êtes le plus stupide clerk que j'ai jamais employé. Ce n'est pas un native. C'est Jude l'Obscure.'

L'homme énorme donna un grin et un wink.

'Jambo sapati lumgati,' dit-il.

Le Mayor de Casterbridge lui donna un kick dans le back-side.

'Out!' dit-il. 'Et vous,' continua-t-il au clerk, 'ne m'interrompez pas. Je fais ma siesta.'

'Pas même pour Tess des Durbervilles?' dit le clerk.

'Pas même pour le bloody madding crowd!' dit le Mayor.

'Jambo sapati lumgati siesta,' dit Jude l'Obscure.

'Exactement,' dit le Mayor.

Et il rentra à ses 40 winks.

Mlle. Marple

Mlle Marple était sur holiday dans le Sud de France. Gosh, il faisait warm. Elle faisait un peu de paddling dans le Méditerranéen – pas beaucoup, seulement pour exposer ses ankles au briny. Elle n'aimait pas le swimming, ni le surfing, ni le water ski, seulement le paddling. Under-rated sport, pensait Mlle Marple.

Elle était sur holiday avec sa niece, Claire, et Claire's boy-friend, Alan, qui avait un yacht. C'était très nice d'eux, really – après tout, Claire et Alan étaient jeunes et gadabout, et vieille Mlle Marple avait 93 ans et était un boring old stick, mais ils insistaient.

'Non, non, Aunt Jane! Il serait terrific fun si vous venez avec nous au Sud de France. Quand vous venez sur holiday avec nous, il y a toujours un murder et beaucoup de melodrama! C'est pour ça que vous êtes si populaire.'

'Well, all right, mes darlings,' elle avait répondu. 'Je vais rester sur le yacht ou sur le beach, pendant que vous allez sur le razzle-dazzle dans votre Alfa-Romeo.'

Pour un week, Mlle Marple restait sur le beach avec ses sun-glasses et son straw chapeau, parmi le topless throng, pendant que Claire et Alan allaient dans leur Alfa-Romeo pour chercher le fun. Ils allaient au casino et perdaient une fortune sur le blackjack, ils allaient dans un night club pour sniffer un peu de cocaine, ils allaient dans un all-nuit topless disco pour danser jusqu'au dawn. Après un week Claire et Alan étaient knackered, et Mlle Marple était fresh comme un daisy.

'J'ai une suggestion,' dit Mlle Marple au breakfast, en prenant un second helping de muesli. 'Une suggestion pour une expédition.'

'Une expédition?' dit Claire, en prenant une Huître de Prairie. 'Umf. Pah. Ouh. Euh.' Elle courut au yachtside et était sick dans la mer.

'Une expédition?' dit Alan, en prenant un gin-et-aspirin. 'Oh, ma tête. Oh, ma sacrée tête. Ou ça, Aunt Jane?'

'Dans les montagnes, pour voir un old friend. C'est Professeur Greystoke, qui est directeur d'un art gallery à Courgettes-sur-Loup. Il a une collection d'Impressionistes, comme Monet, Manet, Millais, Millet, Manny . . .'

'Manny?' dit Alan. 'Je ne le connais pas.'

'C'est un vieux Jewish Impressioniste,' dit Mlle Marple. 'Il fait les painting wholesale pour mon ami.'

'OK,' said Alan. 'Allons pour un spin dans le Alfa-Seltzer – I mean, le Alfa Romeo.'

L'outing dans la voiture était lovely. Ils passaient par les petites villes et les petits villas et stoppaient, ici et là, à un petit bar. Après une couple d'heures Claire se sentait mieux, et quand ils arrivaient à l'art gallery elle était assez cheerful, considering. Cheerful enough pour inviter Professor Greystoke au dîner sur le yacht.

'C'est très nice de vous, mamselle,' dit-il, 'et il est un très tempting offer, mais je suis un peu worried au sujet de tous ces priceless paintings. I mean, si je les laisse seuls . . . well, ils ne sont pas insurés . . . et les robberies sont sur l'increase.'

'Non, mais fermez la porte avec un padlock,' dit Claire, 'et installez une notice GALLERY FERME – TOUS LES PAINTINGS SONT ON LOAN A WASHINGTON.'

'Brilliant!' dit le Prof. 'Je viens!'

C'était un jovial dîner sur le yacht. La twinkle lointaine des lumières à St Tropez, le sunset multi-colore sur le Med, le skilful home-cooking de Claire – tout combinait pour produire une soirée unforgettable. C'était la première fois en 10 years que Mlle Marple et Professor Greystoke se rencontraient, et il y avait beaucoup de catching-up à faire.

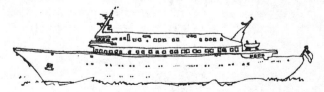

'Comment va le murder business?' dit le Prof, over le saumon fumé.

'Comme çi, comme ça,' dit Mlle Marple.' Peut-être 40 killings en six years? Something comme ça. Bif, baf! Un acte brutal! Chère Mlle Marple, aidez-nous avec la solution, dit le CID, etc., etc. C'est un hobby, quoi. Mais après 40 murders, ça devient un peu répétitif.'

'Sans doute,' dit le Prof. 'C'est un peu la même chose avec les Impressionistes, je crois. Quelqu'un comme Monet, après 40 paintings il dit, "Ah, je suis fed up avec mon Impressioniste phase! Je veux faire des calendars pour W. H. Smith!" Mais, c'est trop tard. Il est déjà stéréotypé.'

La conversation continuait comme ça, jusqu'au café et liqueurs. Then, une petite interruption. Le Professeur Greystoke est tombé mort.

'Oui,' dit Mlle Marple en cherchant son pulse. 'Le Prof est dead comme un doorpost. Ce n'est pas un Prof – c'est un stiff.'

'Oh, Aunt Jane, c'est horrible!' dit Claire.

'Mais exciting,' dit Alan, pale mais handsome.

'Horrible mais exciting,' compromisa Claire. 'Qui a fait un ghastly murder comme ca?'

'COMMENT VOUS SAVEZ QUE C'EST UN MURDER?' dit Mlle Marple, sharply.

'Vouz l'avez dit tout à l'heure,' dit Claire. 'Someone a tué le Prof, vouz avez dit.'

'Ah, oui?' dit Mlle Marple. 'Vous avez peut-être raison. At my age, on commence a être un peu gaga.'

'Mais qui est le culprit, Aunt Jane?' dit Alan. 'Vous êtes so clever avec la détection, et toute cette sorte de chose. Qui a mis le poison dans son liqueur?

'COMMENT VOUS SAVEZ QUE C'ETAIT UN POISONING?' dit Mlle Marple, immédiatement.

'C'est un peu bloody obvious,' dit Alan. 'Le Prof accepte un liqueur, il prend un sip et il va, "Ah, ce liqueur a un ghastly taste!" Puis il tombe stock-dead. C'est un stabbing ou un bullet dans le brainbox? Je ne le crois pas, moi.'

'Vous avez raison,' dit Mlle Marple. 'Eh bien, mes darlings, je peux vous annoncer que le culprit est – vous both!'

'Moi et lui!' gaspa Claire.

'Nous!' bégaya Alan.

'Absolument,' dit Mlle Marple.

Il y avait un moment de silence. Le mast du yacht faisait un petit flip-flap noise. Tout le reste était du silence.

'Mais,' dit Claire, 'pourquoi nous voulons tuer le Prof? I mean, quelle motive nous avons, Alan et moi, pour assassiner un complete stranger?'

'C'était une mistake,' dit Mlle Marple. 'Vous avez tué le wrong person. Ce n'était pas le Prof que vous vouliez assassiner – c'était moi! Oui, vous aviez l'intention de poisonner votre old Aunt Jane, pour tout l'argent dans mon bank vault. Today, vous aviez une terrible suspicion: "What if Aunt Jane donne sa fortune an Professeur Greystoke pour acheter des paintings? Death à Miss Marple!"'

Mlle Marple regarda Claire et Alan, meekly et mildly. Claire regarda Mlle Marple. Alan regarda le clock. Claire regarda Alan. Puis Alan et Claire commencèrent une gale de laughter, un chorus de guffaws. Ils chortlaient comme des fous.

'C'est funny, ou quoi?' dit Mlle Marple, un peu stiffly.

'C'est un scream,' dit Claire. 'Alan et moi, nous sommes innocents comme le jour est long.'

'So qui a tué le Professeur Greystoke, clever-clogs?' dit Mlle Marple.

'VOUS, Aunt Jane,' dit Alan. 'Oui, Mlle Marple est une murderess.'

'Moi? Quelle motive?' dit Mlle Marple. 'Avec quelle earthly motive?'

'C'est obvious,' dit Claire. 'Pour prolonger votre réputation. Vous avez la réputation d'être une handy amateur détective, mais pour la détection, il faut un non-stop supply de murders. Si vous n'avez pas de murders, il faut tuer quelqu'un. Vous avez assassiné Professeur Greystoke pour faire un murder amusant.'

'C'est vrai,' admet Mlle Marple.

'Vous avez tué 20 autres personnes,' dit Alan, 'pour 20 autres mystères.'

'C'est vrai,' admet Mlle Marple.

'Not counting les pauvres innocents qui sont maintenant dans chokey, instead of you.'

'C'est vrai,' admet Mlle Marple. 'Jane the Ripper, c'est moi. Et pauvre Professeur Greystoke! Il est mort, à cause de moi, simplement pour faire un petit énigme. . . .'

'Pas du tout,' dit le Professeur, dans un sudden revival. 'Ces deux young things, Claire et Alan, m'ont donné un warning. Auntie Jane est une murderess! Regardez le powder dans le liqueur, etc! Et j'ai pris des precautions, luckily. Tut tut, Jane – c'était très naughty.'

'Vous avez raison,' admet Mlle Marple. 'J'ai été une silly-billy. Je voulais être Sherlock Holmes *et* Professor Moriarty, at the same time. Oh well, je vais tourner un new leaf. Maintenant, je vais être plain old gaga Miss Marple, et by-gones seront by-gones. OK?'

'Non,' dit Alan, 'On ne peut pas prendre la risque. Sorry, mais, c'est curtains pour vous, Aunt Jane.'

Et le next jour, on trouve Mlle Marple, head-down dans le Med, très dead. Mais c'est une autre histoire.

Le Capital
(1867)

par Karl Marx

'Travailleurs du monde, unite!
Vous n'avez que vos chaînes à perdre!'

Familiar, cette quote? Pas surprising. C'est la ligne finale, le pay-off, d'un fameux pamphlet par moi: *Le Manifesto du Parti Communiste* (1848). Joli petit pamphlet. Vous l'avez vu somewhere, peut-être – chez W.H. Smith, ou dans un second-hand magasin de pamphlets, ou dans la toilette d'un ami. Non? Well, no matter.

Ah, c'était un annus mirabilis, 1848! Revolutions et uprisings, la struggle et l'héroïsme, revolte et contre-révolte! Aux barricades, aux working-men's caffs, avec votre copie du Manifesto du Parti Communiste (par moi, a few copies still available, from moi, seulement 6d)! Oui, des jours de triomphe et d'optimisme!

Malheureusement, 1849 était un annus terribilis. Un wash-out. Tous les révoltes de 1848 down le plug-hole, et moi en exil à Londres. London! Avez-vous vu London? Un hell-hole. La traffique ... la pollution ... le shortage de seats au British Museum ... Mais à Londres, j'avais leisure-time pour un peu de pondering sur la failure de 1848.

Pourquoi les travailleurs du monde n'étaient pas united?

Pourquoi ils n'avaient pas perdu leurs chaînes?

Pourquoi les capitalistes étaient-ils toujours dans le driving-seat?

Dans un flash, j'ai vu la solution. Un grand livre par moi, pas un pamphlet, mais un block-buster avec un hefty cover-price. C'était un class war, non? Alors, moi, je serais le military historian du class war! Et le nouveau motto serait:–

'Travailleurs du monde, unite – et achetez le block-buster de Karl Marx!'

Maintenant, mon block-buster est dans les magasins et dans votre

local book-stall. Vous avez une copie dans vos mains à ce very moment. Le titre est 'Le Capital'.

Pourquoi 'Le Capital'? Bonne question. Et pour deux très bonnes raisons.

1. Avec un titre comme 'Le Capital', il y aura beaucoup de punters qui vont dire: 'Ah ha – Le Capital, c'est un guide-book à London. Je vais acheter cela.' Pauvres misguided bourgeois punters. Mais un peu d'extra lolly pour moi.

2. Le class war, et l'oppression du prolétariat, et le grottiness du pub anglais, sont tous fondés sur le *capital*. C'est-à-dire, l'accumulation de vastes quantités d'argent par City smoothies en sheepskin jackets, et des Hooray Henris en twill de cavalry. Mon livre offre un analysis des workings du capital, un récipe pour victoire dans le class war, et aussi quelques suggestions pour l'improuvement du pub anglais. So here goes.

Chap 1. L'aliénation du working-man.

Le working-man, dans une société capitaliste, est dans un fix. Il travaille dans un factory – un travail répétitif, dead-end et no-hoper. Par exemple, il est un rivet-banger dans un train-shed. Chaque jour, bang, bang, bang – rivet, rivet, rivet! Mon Dieu, c'est boring. Et le take-home pay est dérisoire.

Le soir, il rentre à la family home. Sa femme lui donne un peck sur le cheek, et dit:–

'Eh bien, un bon day's work?'

'Un bon day's work?' il dit. 'Quelle joke! Bang, bang, bang, rivet, rivet, rivet.'

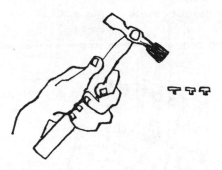

'Ah – old man rivet!' dit la femme, pour un peu de jollity. Mais il est useless, parce que le rivet-banger lui donne un box sur les ears, et va au pub, le grotty pub anglais. (See my next livre: *Le Working-man et Le Pub Anglais*, par Karl Marx.)

In other words, le working-man moderne est dans une state d'aliénation. Le rivet-banging est, pour lui, irrélévant. Il ne va pas être le proud owner d'une locomotive. Il est un cog dans une machine. Il est un faceless item dans une jig-saw puzzle! IL EST UN PAWN SUR UN VASTE CHESS-BOARD!

Sorry about cela. Un peu de crowd-pleasing rhétoric.

Now, dans les good old days, il n'y avait pas d'aliénation. Le working-man avait des turnips sur son allotment, où il avait une kiosque de shoe-mending, et après work dans la family home, quand sa femme dit: 'Un bon day's work?', il dit:–

'Oui. J'apporte deux turnips pour le stock-pot. Un spot de turnip soup pour din-dins!'

Ou bien. . . .

'Oui. J'ai fait le mending de vos high heels. Aussi, j'ai commencé des clogs pour les enfants.'

Vous voyez? Involvement dans le job!

Moi, par exemple, j'ai involvement dans mon job. Je produis des livres, et je fais le marketing des livres. Oui, je suis le lucky one.

Chap 2. La théorie de surplus value.

Le going est un peu tricky ici, so payez attention. Now, si vous êtes un rivet-banger dans un factory, et vous gagnez un daily wage de

sixpence, vous êtes un wage-slave. Je dis 'wage-slave' parce que c'est plus dramatique que 'employee', mais basiquement c'est la même chose.

Mais le boss du factory, il fait le marketing de vos rivets pour *ninepence* un jour. Sixpence pour vous, oui, mais l'autre threepence? C'est pour le boss, qui n'a fait rien. Rien! Et cela, c'est surplus value. Du profit pour lui et les lazy, bon-pour-rien share-holders.

Ha ha! vous dites. Mais si le boss investe le threepence dans plant et machines, vous avez more employment, more jobs, more wealth. Expliquez-moi ça, M. Marx!

Ha ha! je dis. More jobs, c'est more threepences et more surplus value!

Par exemple, moi, Karl Marx, je suis un employeur. Je suis l'employeur de mon family, qui sont le research staff pour ce livre, Le Capital.

Ils sont totalement unpaid.

Les profits de Le Capital vont directement à moi!

Voilà surplus value avec un capital S et un capital V.

Je suis encore le lucky one.

Chap 3. L'oppression des masses.

Les means de production sont dans les mains des bosses. Vous comprenez? C'est à dire, il y a 100 rivet-bangers dans un factory, mais ils sont des puppets dans les mains du boss. Il contrôle tout, il arrange tout. Il fixe les holidays et les tea-breaks.

Mais pourquoi ce n'est pas les rivet-bangers qui fixent les tea-breaks?

Hein?

Pourquoi pas les rivet-bangers qui arrangent la production, le marketing et le supply, aussi l'allocation de parking spaces?

Hein?

Après la révolution, ça sera les rivet-bangers qui vont organiser tout ça! Oui, après la révolution, les bosses seront nowhere to be seen!

Roll on la révolution!

Je vais vous donner un bel exemple de l'oppression des masses. Moi, j'ai un workforce. C'est mon family. Ils travaillent tout le jour sur le research et le retyping de Le Capital. C'est du non-stop travail dans mon household.

Pas de tea-breaks!

Pas de sneaky cigarettes dans la toilette!

Pas de longues vacations sur la Costa Brava!

Et surtout, pas de suggestion boxes et workers' committees.

Je mène un tight ship ici.

Chap 4. La révolution.
Si vous avez suivi mon drift so far, vous voyez déjà ma conclusion.
1. Le Capital est la Bible de la révolution.
2. La révolution est inevitable.
3. Je suis le captaliste le plus extrême à Londres.
Oui, je le confesse! Je suis nothing sinon brutalement honnête. Moi, je ne suis pas aliéné. Moi, j'ai lashings de surplus value. Moi, je suis un oppresseur des masses.
Donc, je propose un nouveau slogan pour la revolution.
Vous avez votre pencil et notepad handy?
Right. Voilà le message pour le prolétariat.
'Travailleurs du monde, unite – et overthrow le crazy capitalist, Karl Marx!'
Neat, eh? Un joli petit paradoxe.
Well, c'est enough pour un jour. Je suis off au pub maintenant, à mon local. C'est grotty, mon local, mais c'est un improuvement sur mon dreary household. Vous venez avec moi?
Pas vous, le family! Vous restez ici, mon cher family, et continuez le travail sur Le Capital.
C'est mon gentle reader que j'invite au pub.
Un pint?
Merci. Je ne dis pas non.
Cheers! Here's to la révolution.
Incidentellement, voulez-vous acheter une copie de Le Capital? Par accident, j'ai une copie sur moi. First edition. Signé par l'auteur.
Merci.

Farewell, Jeeves

par P.G. Wodehouse

'Bonjour, monsieur. Voilà un petit pick-me-up. C'est très efficace pour les nerfs, monsieur.'

D'une grande distance, les mellow tones de Jeeves, mon valet, percolaient à travers l'eiderdown, les trois blankets, le top-sheet et le pillow-slip dans lequel ma tête était, pour quelque raison obscure, logée. Pour un moment, je ne savais pas où j'étais. C'était un peu comme les wedding services. Etes-vous comme moi? Je fais toujours le nodding-off dans une wedding service. Puis, soudain, je m'éveille avec un start, et je n'ai pas le faintest où je suis.

Normalement, je m'écrie: 'Où suis-je?' Un peu bally embarrassant, quoi? Le reverent clergyman murmure, Cuthbert, prenez-vous cette femme à être votre spouse? etc, et la seule response est 'Où le heck suis-je?!' de votre truly, Bertie Wooster.

Maintenant, je ne reçois pas beaucoup d'invitations aux mariage. Well, I mean, assez fair, quoi? Si vous avez la réputation d'un type qui va aux weddings seulement pour 40 winks, well, les invitations deviennent thin sur le ground. C'est probablement la raison pour mon bachelorhood perpétuel. I mean, j'ai une horreur de la possibilité d'aller au church pour joindre le knot avec ma fiancée, et puis de faire le dropping-off, pendant my own wedding! Clergyman: Bertie, prenez

vous cette fleur de womanhood anglaise? Moi: Zzzzzzzzzzz . . . Non, c'est unthinkable.

'Monsieur, il est 10.30 du matin. Un beau matin, avec un hint de frost. Je laisse le pick-me-up sur la bedside table.'

La voix de Jeeves, comme une silvery sirène, me donnait du courage pour la vie. Je ne suis pas le premier proud possesseur d'un set de voices, of course. Jeanne d'Arc, par exemple, avait une compréhensive collection. Mais si j'avais à choisir entre les voix de Jeane d'Arc et la voix de Jeeves, il y a a no contest. Sur one hand, vous avez 'Allez, Jeanne! Battez les Anglais! Motivez le Dauphin! Portez vos best dungarees et men's armour!' – et sur l'autre main, vous avez: 'Bonjour, monsieur. J'ai un Corpse-Reviver, et le Morning Post.' – well, lequel préférez-vous?

'Et by le way, monsieur, votre Aunt Clorinda attend vous voir, dans le sitting-room.'

Sur l'autre main, Jeanne d'Arc n'avait pas une Aunt Clorinda. Sometimes, je pense qu'un burning sur la stake est préférable à un rendez-vous avec Aunt Clorinda, ou du moins neck et neck. Avez-vous une aged relation comme Aunt Clorinda? Elle combine les fighting qualities du Red Army avec le tender warmth du Fire de Londres.

'Que désire-t-elle, Jeeves?'

'Elle veut discuter votre mariage et settling down, monsieur.'

C'est par pour la course. Elle veut toujours discuter mon mariage. Mon mariage, pour Aunt Clorinda, est un devoutly-to-be-désiré object, comme une visite à Mecca pour un Mahometain, ou une assiette de whelks pour un Cockney. Après mon marriage – dans l'opinion d'Aunt Clorinda – je vais être un born-again gentleman. Dans mon opinion, je vais être un born-again slave.

'Righty-ho, Jeeves. Slip-moi un beaker de votre magic potion, un spot du blushful . . . blushful . . . blushful quoi, Jeeves?'

'Le blushful Hippocrène, I fancy, monsieur.'

'Bang on, Jeeves. Hippocrène being une sorte de Greek plonk, présumablement?'

'Non, monsieur. C'est une référence à la fontaine sur Mont Helicon, sacrée aux Muses. John Keats était très hot sur les références classiques.'

'Unlike moi, eh, Jeeves?'

'Oui, monsieur.'

Il est un curieux bird, Jeeves, comme un walking crossword. Pour moi, une tussle avec les Births et Deaths dans le Telegraph constitue une exercice intellectuelle, mais Jeeves est prone à lire Homer ou

Dostoevsky pendant le tea-break. Oh well, c'est un libre monde.

'Et maintenant, monsieur, si c'est all right avec vous, je vais continuer avec le packing.'

'Shimmer on, Jeeves. Je vais tourner toutes mes attentions à votre pick-me-up, et puis je vais faire mon getting-up.'

Les concoctions restoratives de Jeeves sont légendaires dans mon neck de société. Je ne connais pas les ingrédients, mais sans doute ce sont un dash de nectar, une mesure d'ambrosia, un jigger de snake-oil

et un topping de Lea & Perrins. Avant un de ses pick-ups, je suis extinct comme un dodo. Après un Jeeves pick-me-up, je suis ready pour anything, même Aunt Clorinda.

'Aunt Clorinda!' Je donnai un warble de plaisir en entrant dans le living-room. 'Quel privilège de vous voir dans mon humble abode. . . .'

Elle donna un hrumph, comme un cheval avec indigestion.

'Ne me donnez pas le soft soap, Bertie. Vous êtes un bounder, un serpent dans l'undergrowth, et vous le savez bien. Vous êtes le boll weevil dans le fabric de la civilisation du West, et le dry rot dans notre family.'

Aunt Clorinda n'est pas mon plus fervent supporteur.

'Mais aujourd'hui est un peu différent, je suppose. Oui, c'est un jour spécial pour vous, Bertie, et je vais être kind.'

Elle donna une smile. Une smile, sur les features d'Aunt Clorinda, est comme le midday sunshine sur le polar ice-cap.

'Et n'oubliez pas, Bertie. 12 pm, sur le dot. Soyez là, à votre péril!'

Elle sortit de la chambre, comme un squadron de cavalry, en me laissant vaguement uneasy. Jour spécial? Aunt Clorinda, devenait-elle gaga?

Le doorbell sonna. Jeeves alla et rentra.

'Monsieur Oswald Burlington à vous voir, monsieur.'

'Ozzie? Ici? C'est un peu early pour lui. Je ne l'ai jamais vu pendant les heures de daylight.'

Ozzie entre. Il était dans un état de hyperactivité, un peu comme un runaway train.

'What ho, Jeeves! What ho, Bertie! Quoi, pas encore dans vos glad rags? Bertie, quick, c'est urgent. Pouvez-vous me donner £5? C'est

pour le ring. J'avais oublié. Quick, Bertie, un fiver! Ne vous tenez pas
là comme un gawping scarecrow.'

'Si je peux être d'assistance, M. Burlington ...' dit Jeeves, en
proférant un fiver immaculé.

'Topping, Jeeves! Come on, Bertie – vite, vite! N'oubliez pas – 12
pm!'

Et il disparut, presque dans un puff de smoke.

'Jeeves,' dis-je très strictement. 'Explique-moi le mystère. Donnez-
moi le lowdown sur la situation. Something est dans l'air, et je ne suis
pas dans le know. Cette activité à 12 pm – qu'est-ce que c'est?'

Pour la première fois de sa vie, Jeeves portait un shifty look. Oui,
shifty.

'Nous allons à un wedding, sir.'

'Un wedding? Et moi, je suis le best man?'

'Non, sir. Monsieur Oswald est le best man.'

'Alors, qui est le groom?'

Le blasted doorbell sonna encore une fois. Jeeves disparut. Jeeves
reparut.

'Mlle Agnes Charleston est without, sir.'

'Never mind cela, Jeeves. Qui est le groom à ce wedding?'

'Vous, sir.'

'MOI? Je vais me marier? A 12 pm?'

'Oui, sir. Mes congratulations, sir.'

'Juste un moment, Jeeves. Qui est la bride?'

'Mlle Agnes Charleston, sir.'

Agnes Charleston! Moi, dans un état de holy matrimony avec Agnes
Charleston! Mais Agnes était une non-stop busybody, une walking
amateur missionary, une do-gooder du worst sort. Elle n'était pas une
femme – elle était une one-person charity.

'Jeeves, c'est terrible. Je ne veux pas être un husband. Je veux vivre
et mourir un bachelor. Aidez-moi, Jeeves!'

'Too late, sir. C'est tout arrangé. Nous l'avons fixé – le ceremony, la
réception, la honeymoon. Everything.'

'Nous? Vous et Aunt Clorinda?'

'Non, sir. Moi et M. Wodehouse. J'ai eu une petite discussion avec
M. Wodehouse, et nous sommes d'accord: le moment est arrivé pour
vous éliminer de la series.'

'Moi? Le writing-out? Pour moi?'

'Oui, sir. Après tout, c'est moi qui est le star de la séries, pas vous.
Henceforward, c'est moi centre stage et vous, nowhere. En tout cas, je
suis fed up avec la vie d'un valet, espécialement pour un gentleman
comme vous, Sir.'

'Jeeves!'

'Et maintenant je vais continuer avec le packing.'

Je restai là, open-mouthed. La porte s'ouvrit. C'était le cue pour l'entrance d'Agnes.

'Bertie! Mon darling! Mais vous n'êtes pas ready! Tut tut. Come along, now.'

C'était mon death knell.

Elle était le shark, et moi, le drowning man.

J'étais le victime, elle, le firing squad.

'Jeeves!' hurlai-je.

Mais réponse came there none.

Farewell, cruel monde.

Adieu, mes gentle readers.

J'ai un rendezvous avec destiny à 12 pm.

Oh well, le mariage sera une nouvelle experience, en tout cas.

Pip pip.

Elegie Composée dans un Rural Churchyard

par Thomas Gray

Le curfew sonne le knell du jour partant,
    Un gang de vâches va homewards à la farm,
Le ploughman rentre à high tea, lentement,
Et laisse le monde à moi, tranquille et calme.

La dernière trace de sunshine disparaît,
    Et maintenant le soir est un peu froid;
Le weather n'est pas excellent pour May;
    Je voudrais avoir un thick jersey avec moi.

Ici, dans le churchyard, tout est dark;
    Et j'ai perdu mon dernier pencil stub.
Je ne peux plus écrire. – Oh, sod ça pour un lark!
    Je vais immédiatement au village pub.

Waiting for Billie

Un 1-act drame par Samuel Beckett

Stage.
Au centre du stage, il y a une grande pile de rubbish.
Dans le rubbish, il y a une actrice, neck-high dans le rubbish.
Il y a un seul spot-light, qui est focussé sur la tête de l'actrice.
Actrice.
Rubbish.
Spot-light.

C'est une low-budget production, quoi!

Mais que voulez-vous? C'est une époque de récession, et l'Arts Council a été très stingy, et nous avons le VAT et les public spending cuts, etc, etc.

Vous êtes très lucky à avoir une actrice dans une pile de rubbish avec un spotlight, mate.

Right, then. Avez-vous la picture? Une énorme pile de rubbish, avec une actrice bang dans le centre.

Et le spot-light qui est brutalement dirigé sur l'actrice. Poor actrice. C'est probablement un peu comme le Sahara à midday, avec le soleil, et le heat-wave, et la solitude, et les vultures . . . Evidemment, ici dans le théâtre il n'y a pas de vultures. Mais il y a des revieweurs, ce qui est la même chose, non?

Bon.

Vous avez la picture.

Pendant 5 ou 6 minutes, l'actrice est totalement immobile. Sans expression. Sans réaction. C'est un study en passivité.

(Pas comme vous ou moi, eh? Si j'étais dans une grande pile de rubbish, je crierais: 'Hé! Délivrez-moi de ce rubbish! Help! Je suis filthy!' Mais l'actrice est sterner stuff que nous. Le rubbish, pour elle, est un take-it-or-leave-it matter. Elle est une tough cookie. Et Beckett est un tough taskmaster.)

Encore 3 ou 4 minutes, et l'actrice est toujours immobile. Le crowd devient un peu restif. Un peu de shuffling, un peu de rustling des programmes. Le crowd adore Samuel Beckett, il est un génius après tout, mais il est aussi un peu long-winded, pas exactement entertaining.

Pas comme dans un thriller film. Dans un thriller film il y a not much script, et bags of action. Dans Samuel Beckett, il y a not much script, et bags of inaction! Neat, ça.

Après 12 minutes le crowd commence à lire le programme. Très furtivement. Où peut-on manger après le show? Le Rajah Tandoori, peut-être? Fancy un spot d'Indian? Hmmm. . . . Le management est grateful au City de Westminster Waste Disposal Department pour le supply de rubbish – voilà! Ce n'est pas any old rubbish, sur le stage. C'est top people's rubbish. Harrod's throw-outs, peut-être. Hmm. . . .

Après 16 ou 17 minutes, l'actrice ouvre sa bouche. Excitement dans le crowd! Un bit de dialogue qui va arriver? Maybe! Ah, c'est très tense ici.

Actrice: Aaaaaaaaaagh . . . . . Oooooooooooooh . . . .

Le relief est presque palpable. L'actrice a parlé. Mark you, elle n'a pas beaucoup parlé, juste un couple de words, mais at least cela prouve qu'elle n'est pas fast asleep. Well, not words exactement, more like un couple de cris de mélancolie, mais c'est un génius, Samuel Beckett. Dans cet Aaaaagh et cet Oooooh il y a une expression du plus profond grief et world-weary tedium.

Beckett n'a pas perdu le knack.

Beckett est toujours le Numéro Un playwright du monde.

Beckett connaît les secrets de l'humanité.

Si vous n'aimez pas le tandoori, on peut toujours aller Italian. Il y a une belle trattoria à 500 yards, très cheerful, nothing special, mais pleine de bonhomie et singing waiters. Un peu plus cheerful que Beckett, quoi!

Sssh.

Maintenant, après 23 minutes, l'actrice a l'air un peu plus animé. Elle blinke un peu. Elle tourne sa tête. Elle fait des choses avec les eye-brows. Il y a encore un spot de dialogue à venir?

Suddenly, *sensation*! C'est un second acteur qui entre en scène! Un autre caractère qui avance dans un second spot-light. Deux spot-lights! Quelle extravagance.

Le second caractère est un bloke ordinaire.

Un punter.

L'homme dans le street.

Le gent sur le Clapham omnibus, in fact.

(Vous allez sur le Clapham omnibus? Non? Moi neither. Je ne sais pas même s'il y a un Clapham omnibus, these days. Mais je connais très bien le 52 bus à Victoria. Il y a beaucoup de punters sur le 52 bus.)

Le gent sur le 52 bus, in fact.

Il traverse le stage et, suddenly, il voit l'actrice dans le rubbish.

Punter: Excusez-moi . . . excusez-moi . . . pardonnez-moi si je fais une intrusion, mais êtes-vous all right?

50

Double sensation! Pour un Beckett play, c'est presque un long speech. Mais l'actrice ne fait pas attention à l'interloper. Elle regarde en avant.

Punter: I mean, tout ce rubbish... vous avez eu un accident ou something? Un dust-cart et le shedding d'un load?

Dans le crowd, on recommence à lire le programme. C'est un genuine caractère, ou un gate-crasher, ou what? Samuel Beckett, est-il OK dans le head?

Punter: Hold on. Pardonnez-moi si je suis wrong, mais êtes-vous Billie Whitelaw? La fameuse actrice? Vous êtes un dead ringer pour Bille Whitelaw. Oui, c'est vous, n'est-ce pas? Ah, c'est un thrill pour moi! Vous savez, je vous ai vu beaucoup de fois sur la TV dans les telly dramas, et vous étiez superbe! Fantastique actrice, et sexy avec! Si vous pardonnez l'expression. Vous étiez dans beaucoup de ces northern dramas, Liverpool stuff, et pourquoi pas? Well, well, well. Fancy, un rendezvous accidental avec Billie Whitelaw. Ah, c'est un lucky jour pour moi.

L'actrice est immobile. L'audience est horrifiée. Qui est ce bloke? Est-il vraiment un caractère de Sam Beckett – ou est il un imposteur? Est-il un genuine punter? Ont-ils ici sufficient grounds pour une interruption? Vous savez – tapez le bloke sur le shoulder, et dites: Buzz off, stranger, vous êtes dans un drame très sérieux de Sam Beckett. Well?

L'actrice est immobile. L'audience est immobile aussi.

Punter: Look, c'est une imposition, je sais, mais pouvez-vous me donner votre autograph? C'est really pour the wife, pas pour moi. Simplement un petit autograph...

Elle ne dit rien. Elle ne fait rien.

Punter: Ah! Je vois votre trouble! Vous êtes immersée dans une pile de rubbish! Vous avez les mains invisibles. Ecrire un autograph avec des mains invisibles, c'est un tall order. Tell you quoi, tell you quoi – voici un felt tip plume. Si je positionne le felt tip dans votre *mouth*, et vous tenez le felt tip avec vos *dentures*, et vous faites l'autograph comme ça, comme un limbless artist! ... Non? Non?

Très lentement, l'actrice fait un shaking de la tête, pour signifier: Non!

L'audience est électrique! C'est la réjection de l'outsider!

C'est Beckett qui dit: Nous sommes tous alone, tous rejetés, tous en exil.

Ou peut-être c'est l'actrice qui dit: Buzz off!

C'est un statement très profond. Ou très trivial. But which?

Avec Beckett il n'y a pas beaucoup de différence.

51

Punter: Vous ne donnez pas un autograph? Ah, c'est typical, ça! C'est le behaviour, if I may say so, d'un TV star. Vous êtes tous les mêmes, les big-shots. Un grand grin sur la TV, flashing dentures pour Terry Wogan, mais pour le public? Nothing! Vous devez tout votre succès au public, mais maintenant vous leur donnez un kick dans les dentures. Eh bien, stuffez votre autograph, et stuffez-vous!

Horreur! Consternation! Middle class shock!

Nobody parle comme ça à notre actrice.

Pas même Sam Beckett lui-même.

C'est incroyable. Et en effet, un member de l'audience se lève et s'approche du punter.

Spectateur: I say, look ici. . . .

Punter: Et stuffez-vous aussi! Le whole lot de vous! Prétentieux, bourgeois, avant-garde, Sunday journal, Guardianesque, Hampsteadois gang de dead-beats! Vous me faites malade! Moi, je vais au pub. Peut-être qu'il y ait un peu de snooker sur la TV. At least le snooker est *real*.

Le punter fait un rapide exit.

Il est suivi d'un shock-wave de silence.

Mon Dieu! Quel yobbo! Quel scum! Quel odieux rat-bag!

Phew! Maintenant on peut continuer avec le play.

Carry on, Billie.

Mais Billie est asleep.

Du moins les yeux sont fermés. Et le spotlight, très très graduellement, très très lentement, commence le dimming. Oui, il y a un défini dimming.

C'est la fin du play? Mais . . . mais en ce cas, le yobbo, il était dans le play aussi?

C'était un génuine Beckett character?

Et son speech – c'était un génuine Beckett speech?

Et le speech représentait les génuines pensées de Beckett???

Ah, non. C'est unthinkable.

Well, Indian ou Italien? Chapati ou spaghetti?

Tell you what. Il y a un time pour un quick drink au pub, first. Avec un pint de Guiness, on peut discuter le restaurant.

Et le Beckett play.

Ah, oui. J'avais oublié le Beckett play.

Et dans le pub, on pourrait rencontrer le punter, le punter qui a été si appalling avec l'actrice. Après tout, c'était un moment amusant.

Maintenant la stage est entièrement dark. L'actrice, est-elle toujours là? Est-elle stuck dans le rubbish, dans le dark?

Fast asleep, dans un compost heap?

Come on, darling, le pub va fermer!
OK, coming, coming.
Bye bye, Billie.
See you next time.
Peut-être.

Les Sept Pillars de Wisdom

par T.E. Lawrence

PILLAR 1

Il fait chaud en Arabia, quelquefois 30° Celsius (90° Fahrenheit), ou même plus. Donc, il est important de porter un Arab head-dress pour protéger votre complexion contre le soleil. Pour un novice, il est difficile de trouver la correcte méthode d'assembler un Arab head-dress, mais si vous suivez les 3 steps de la procedure lawrentienne, vous serez OK.

1. Placez le head-dress (qui est comme un petit bath-mat) sur votre tête.

2. Formez un petit granny knot dans chaque coin – résultat, un four-cornered handkerchief.

3. Relaxez dans un deck-chair pendant les few premiers jours. Il est *très* important de développer votre sun-tan graduellement, et de s'appliquer la lotion de sun-tan libéralement.

PILLAR 2

Quand vous allez en vacance en Arabia, on dit souvent qu'il n'y a pas beaucoup à faire, que c'est monotone dans le desert. Absolu balderdash! Par example, on peut faire exploder un Turkish railway. Vous aimez détruire les chemins de fer des Turques? Moi, oui! Le 'Boum!' quand le pont monte en fragments, et le 'Splish, splosh, splash!' des sleepers qui descendent en smithereens dans la rivière, pour moi c'est un plaisir très mâle, très noble, très aesthétique.

Hint: Détonnez votre bombe *avant* l'arrivée du train Turquois, pas *après*.

PILLAR 3
Ne prenez pas un Israeli stamp dans votre passeport.

PILLAR 4
Le camel est la forme supérieure de transport dans le desert – rapide, économique et flexible. Une licence internationale est normalement sufficient pour camel-hire, mais les régulations locales sont variables. Il y a beaucoup de gens qui préfèrent le Land-rover, mais je dis toujours: un camel peut collapser, et un Land-rover peut collapser, mais on peut manger seulement le camel.

PILLAR 5
La cuisine en Arabia est basique mais très satisfaisante. Après un long day dans le desert, après un camel-ride de 200 miles, avec quelques hawk-eyed et hook-nosed compagnons, et après un sandstorm ou deux, et puis un evening stop à un wayside oasis avec un spot de flagellation et une courte épisode de feverish hallucination, ou une longue session de story-telling, il y a nothing comme un Arab sandwich. De camel, par exemple.

PILLAR 6
Early closing jour en Arabia est Thursday.

PILLAR 7

Never, never laissez le manuscrit d'un masterpiece dans le waiting room d'un major railway station. Reading, par exemple. Ou une gare du Turkish Railway. Laisser votre masterpiece dans un waiting-room sur le Turkish system, et puis le voir aller 'Boum!' – ça serait tragique, n'est-ce pas?

Anyway, si vous trouvez ce manuscrit dans un waiting-room quelque part, *please* rendez-le à:–

Lawrence d'Arabia

c/o Garrick Club . . .

No, hold on. Rendez-le à:–

Aircraftsman Shaw,

The Aerodrome,

Salisbury Plain . . .

Non, non! Aircraftsman Shaw est kaput maintenant. J'ai un nouveau alias this year. Maintenant je suis . . . hold on, je vais regarder dans mon diary . . . ma nouvelle identité est . . .

Oh, what the dickens. Laissez le bloody manuscrit dans le waiting-room.

Merci. Et ayez un lovely holiday en Arabia.

War and Peace

par

Leo Tolstoy

CHAPTER ONE

Bang bang bang bang bang bang bang bang bang bang bang bang bang bang bang bang bang bang bang bang bang bang bang bang bang bang bang bang bang bang bang bang bang bang bang bang bang bang bang bang bang bang bang bang bang bang bang bang bang bang bang bang bang bang bang bang bang bang bang bang bang bang bang KER-SPLAT! bang bang bang bang bang bang bang bang bang bang bang bang bang bang bang bang bang bang bang bang bang bang bang bang bang bang bang bang bang bang bang bang bang bang bang bang bang bang bang bang bang bang bang bang bang bang bang bang bang bang bang bang bang bang bang bang bang bang bang bang bang bang bang bang

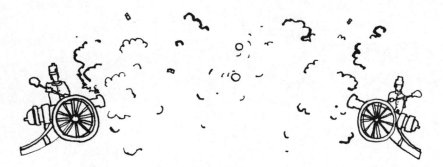

CHAPTER TWO

'Pierre?'

'Oui?'

'Vous êtes OK?'

'Oui.'

'Tatiana, vous êtes unharmed?'

'Oui.'

'Vladimir, comment vous êtes?'

'Shaken, mais untouched.'

'Boris, vous êtes OK?'

'Oui, oui.'

'Fyodor Mikhail Pyotrvich, vous êtes dans le land des living?'

'Absolument.'

'Anna Verovna, vous n'étiez pas attrappée dans la cross-fire?'

'Non, non.'

'Ludmilla, vous n'avez pas eu des difficultés avec les soldats de Napoleon?'

'Au contraire.'

'Alors, for God's sake, qui a eu le KER-SPLAT?!'

Howard's End

Un Inspector E.M. Forster mystery!

Howard était stone dead.

Il n'y avait pas room pour doute.

Howard était mort, all right.

Mort comme un plank de bois.

Et la cause de death n'était pas visible.

Blimey, pensa Inspector E.M. Forster. Encore un baffling murder case. Exactement ce que le docteur a ordonné.

'J'ai trouvé le corps ici,' dit l'estate agent, sweating. 'Il était sur le floor. Dead. Comme ça.'

Ils étaient dans un empty house. Totalement vide. C'était TO LET. Pas un stick de furniture, pas un item de food, pas rien.

L'estate agent avait passé that way, et, seulement pour checker le woodworm ou regarder le gas meter ou something, il est entré.

Et il a trouvé Howard. Mort. Dans un locked room.

Seulement l'estate agent avait le bunch of keys.

'Mais comment il avait pu entrer par la porte?' dit l'estate agent. 'C'est impossible.'

C'était la 7ème fois qu'il l'avait dit.

'Oui,' dit Forster. 'Mais il n'est pas entré par la porte. Ce n'est pas la seule mode d'entrée.'

Forster traversa le bare plancher jusqu'à la fenêtre. Il regarda par la window-pane.

'Ah, le room with a view,' dit l'estate agent.

'Le quoi?'

'C'est une phrase employée par les estate agents. Si l'interior d'un room n'est pas attractif, nous directons l'attention du client à l'exterieur. Room with a view, means, room with no other attraction.'

Forster n'écoutait pas. Il regarda le view. C'était magnifique. Sussex et les Brighton Downs.

'Pouvez-vous identifier le smell?'

'Quoi?' dit l'estate agent, startled.

'Il y a un smell dans la chambre. Faint, mais défini. Dans mon opinion, c'est un smell de curry.'

L'estate agent faisait un sniff. Oui. Curieux. Un smell de curry.

'Une autre question. Avez-vous remarqué la porte secrète?'

Inspector Forster traversa la chambre jusqu'au panelling et faisait tap-tap-tap avec son doigt. Il était hollow. Il tirait le panelling qui, avec un petit bruit, venait dans la chambre. C'était une porte secrète.

'Mais quoi...?'

Forster beckona avec la main.

'Ne posez pas des questions. Venez voir.'

Derrière la panelling il y avait un opening, et dans l'opening il y avait beaucoup de darkness, et un corridor qui commençait dans le panelling and continua dans le darkness. Il semblait être un endless corridor.

Très indistinctement, dans le corridor, on pouvait entendre le bruit distant d'un autre continent; très, très loin il y avait le shouting de people et les cris des animaux. Et il y avait ce vague mais défini smell de curry.

'Qu'est-ce que c'est?' dit l'estate agent.

'C'est un passage à India,' dit Inspector E.M. Forster, simplement. Quelque part, un long way off, il crut entendre un éléphant.

'Et par ce passage à India, Howard est entré, dans le room avec un view. Pour rencontrer son end.'

L'estate agent réfléchit.

'Et qui l'a tué?'

'Ah!' dit l'Inspector. 'Ça, c'est un job pour l'Indian Police. Ne trouvez-vous pas?'

So saying, il ramassa Howard, le mit dans le corridor et ferma la porte secrète.

20,000 Leagues Under the Sea!

par Jules Verne

Un rip-roaring, rollicking yarn de underwater football!

C'était Cup Final jour, dans le Premier Underwater League.
   'Heads ou tails?' dit le referee.
'Heads,' dit Captain Nemo.
'Heads it is,' dit le referee. 'Choisissez.'
'Nous jouons droit à gauche, avec l'incoming tide,' dit Captain Nemo.
   Actually, ce qu'il dit était un peu comme ceci:–
'Noodle joodle droidle a gaudle, addle l'incuddle tidle.'
Underwater speaking, c'est difficile.
Underwater football, c'est même plus difficile.
Et c'est pour cette raison, je crois, que la game était une totale failure.

La Belle Dame Sans Merci

par Jean Keats

'Au revoir!' dit la belle dame.
  'Au revoir?' dit-il. 'C'est tout, au revoir?'
  'Sorry,' dit la belle dame, blushing. 'Au revoir, et merci.'

L'Origine
des Species

Dans une version complètement modernisée

Bonjour.

Welcome à Theory Time avec Charles Darwin.

Aujourd'hui nous allons examiner une théorie révolutionnaire.

Si révolutionnaire, que je n'ai pas inventé un nom pour ma théorie. Quelque chose comme Rélative Evolution, peut-être. Oui, Rélative Evolution.

En tout cas, le nom n'est pas important. La chose importante, c'est la théorie, qui est mind-blowing. Et si j'ai raison, ma théorie va produire un crisis en world thinking et, avec luck, un Prix Nobel. Cela sera beau, n'est-ce pas? Un Prix Nobel pour England! Et une chèque et un trip à Stockholm pour moi. Je n'ai jamais voyagé en Sweden, et on dit que Stockholm est un joli spot, sur le quiet side, mais joli tout de même.

Où étais-je? Ah, oui. La Rélative Evolution.

C'est une théorie que j'ai évolue pendant un trip aux Galapagos Islands. Vous connaissez les Îles Galapagos? Off la côte de South America? Un joli spot. Pas du tout comme Stockholm – très naturel, très wild, très unspoilt. J'ai passé mes vacances de summer là, en 1984, well, c'était un working holiday, really, parce que je faisais un peu de field research work.

L'important chose est que les Galapagos sont une écologie avec total self-containment. A part un handful d'habitants, il n'y a que trois sortes de people lá:–

1. Les hippies.
2. Les scientistes.
3. Les millionaires.

Quand je dis hippies, c'est un terme pas très exact (en scientiste, je n'aime pas les termes inexactes) mais vous attrapez mon drift. Ils étaient tous environ 30 ou 35, avec rucksacks et scruffy beards et un aroma et vieux vêtements. Les hippies féminins sont les mêmes, mais sans les scruffy beards. Ils font une sorte de rambling tour du world, de Katmandu à Peru, de Peru à Easter Island et enfin aux Galapagos.

Je crois qu'ils fument marijuana. Et pourquoi pas?

Les scientistes étaient tous des fanatiques de biologie, ou botanie, ou comparative zoologie. Oui, un peu comme moi. Très studieux, très appliqués. Jamais un day off. Fieldwork et observation, de dawn à dusk. Quel dull crowd, franchement, toujours en pursuit d'un lizard ou d'une turtle.

Leur idée d'un wild evening était un bridge game.

Et les millionaires, qui arrivaient dans leurs yachts et leurs avions pour voir les Îles Galapagos. Mon Dieu, comme ils sont actifs, ces millionaires! Jamais un moment de relaxation – toujours le swimming, le tennis, le shooting, le dancing, les parties de fancy vêtement, la musique sur la plage. J'étais fatigué, seulement à les voir.

Ils vivaient sur cocaine et champagne.

Bon. Vous avez la picture maintenant. Ces trois spécies, tous différents, et tous distincts. Les hippies, sans argent, très laid-back, très inactifs. Les scientistes, sans argent mais très actifs. Et les millionaires, très riches mais très actifs!

Un contraste curieux, n'est-ce pas?

Cela prouve qu'il n'y a pas une correlation entre wealth et énergie.

Et les trois spécies étaient tous contents avec leur rôle dans la vie.

Dire à un hippy: 'Je vais vous donner un million dollars, et vous pouvez avoir un yacht, etc,' et le hippy dira: 'No way! Une terrible hassle, hombre.'

Dire à un scientiste: 'Je vais vous donner beaucoup d'argent, sur condition que vous vous devotez à une vie de yachting, dancing, etc,' et il vous dira: 'C'est un kind offer que je ne peux pas accepter.'

Dire à un millionaire: 'Je vais vous donner le poverty, la liberté et une opportunité a étudier la wild life,' et il ne vous comprendra même pas.

Trois species différentes.

Ils sont différents même physicalement.

Le hippy, slow-moving et dull-eyed, avec John Lennon glasses.

Le scientiste, bright-eyed et dull-minded, avec bifocals.

Le millionaire, well-groomed et bronze, avec shades.

Leurs costumes étaient différentes, et leurs voix étaient différentes.

Trois différentes spécies, quoi.

Believe me.

Je les ai étudiés, ce summer de 1984.

Mais pourquoi? C'est une question d'évolution? Les hippies sont des hippies parce que l'évolution les préparent pour être des hippies?

Il y a une sorte de personne qui est fitted seulement à être un hippy? Comme un cheval est fitted pour Aintree, et un parrot pour dire: Silly old moo?

C'est une théorie attractive, n'est-ce pas?

Par example, dans la médecine, vous avez des spécies différentes.

Believe me. Je connais la médecine.

Par exemple, les surgeons sont tous des hearty blokes, avec des grands beards et une voix comme Orson Welles – des extroverts qui aiment les hair-raising trips sur un motor-bike.

Les child care spécialistes ne sont pas comme ça de tout. Les pédiatriciens sont tous des nerveux types, qui ne dirait pas Boo à une oie.

Et les psychiatristes, encore – ah, les psychiatristes! Ils sont une autre kettle de poissons. Ils sont tous loony, pour un start. Montrez-moi un psychiatriste, et je vous montrerai un neurotique sac de troubles.

Vous êtes avec moi?

Montrez-moi un grand bearded psychiatriste, avec un penchant pour les Yamahas, et je vous montrerai un bloke qui est dans le wrong job.

Montrez-moi un surgeon avec un nervous twitch, et je dirai: 'Sortez de l'operating théâtre! Allez à la psychiatrie, où vous serez at home!'

Voilà ma tentative théorie.

Les hommes sont fitted, par evolution, pour leur job. Ou, dans le cas des hippies, pour leur fonction. Parce que, être hippy, ce n'est pas exactement un job.

L'évolution a produit Charles Darwin à être un scientiste et pas un road-sweeper (je serai un rotten road-sweeper).

Ce n'est pas le survival du fittest. C'est le survival du fitted.

Une belle théorie.

Mais ce n'est pas une parfaite théorie.

J'avais des misgivings. Il y avait un flaw dans mon reasoning, sur lequel je ne pouvais pas mettre mon thumb.

Et soudain, une nuit, tossing sleepless sur mon lit, je le trouvai.

Ce sont toutes des professions modernes. Hippies, millionaires, child care spécialistes, etc, ce sont des vocations du 20th century.

En 1800, il y avait des hippies? Des millionaires? Des psychiatristes?

Je ne le crois pas.

Un hippy en Angeleterre du Prince Regent?

Pas sur votre nelly.

Ce n'est pas les humains qui ont changé, c'est les professions.

Oui, le hippiedom, et le millionairedom, et la psychiatrie, sont venus en existence pour donner un lifestyle aux people qui sont fitted pour cette activité.

Ma théorie etait: Les hommes sont fitted, par évolution, pour leur job.

J'avais les choses upside down.

La vérité est: Les jobs sont fitted, par évolution, aux hommes!

Les hommes restent le même, unchanging, sans variation.

Seulement les jobs changent!

Oui, là, sur les Galapagos, j'avais découvert la plus important théorie de l'âge moderne.

L'Evolution Des Jobs.

C'est staggering.

Shattering, même.

Think about it.

Un Prix Nobel, at least.

Fantastique.

See you à Stockholm.

La Gideon Bible

Le Missing Chapter de Genesis

Chap I

1. Dans le commencement fut le mot et le mot était GOD.
2. Et la terre était void, et tout était void, et il n'y avait rien, sauf GOD.
3. Et God regarda, et il vit qu'il n'y avait rien, pas même un hôtel, et il dit: Let's get cracking! Mais il n'y avait pas de réponse, parce que God était la seule chose dans l'offing. Et il n'y avait pas un overnight stopping-place pour God.
4. Sur le 1er jour, God créa l'approach road, et le hôtel grounds, et un grand signe sur lequel fut écrit HOTEL. Aussi créa-t-il des shrubberies, et des ramparts de rhododendrons, et un petit jardin pour les légumes, quoique la plupart des supplies allât être frozen ou microwaved, et un petit ground de mini-golf.
5. Et God regarda, et vit qu'il était bon.
6. Sur le 2ème jour, God créa le main hotel building, et le car park avec room pour 70 cars, et une grand outside salle pour les conférences, les weddings, les grandes fonctions de Rotary, etc, etc.
7. Et Dieu regarda, et vit qu'il était bon mais très noir, en total darkness, really.
8. So sur le 3ème jour, God créa l'overhead lighting pour le car park, l'illumination pour le grand signe sur lequel fut écrit HOTEL (** AA ** RAC), un grand orange light devant le front door qui jette une lumière orange dans les bedrooms et empêcha les visiteurs de dormir, oui, qui produisit beaucoup de sleepless nights.
9. Mais il n'y avait pas encore de visiteurs.
10. Seulement le grand Architecte.

11. C'est comme ça, les architectes. Même le grand Architecte. First le planning, puis les people après. Hence la lumière orange dans les bedrooms et les sleepless nights. Les priorités sont all wrong.

13. Mais nous digressons.

14. Sur le 4ème jour God créa les flag-poles dans le car park, les blanc markings sur le car park floor, le welcome mat à la porte, les portes (une circulante, et une normale), la réception, le desk du cashier, le telephone marqué TAXI, et les show-cases pleines de stuff installés par les local shops.

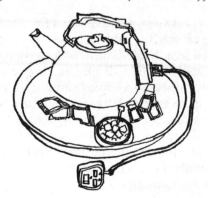

15. Dans la lounge God installa un imitation-coal feu, des tables et chaises trop low-down pour confort, une liste de local évènements (notamment jousting et steam fairs), un grand vase de ferns et greenery si naturelle qu'on la croyait plastique, et un signe qui proclamait TO THE CARVERY, et des lifts.

16. Et God regarda et, behold, il était bon, et God dit: nous ferons un roaring trade ici, avec businessmen et trade meetings et bargain winter breaks.

17. Mais il n'avait pas encore inventé le winter.

18. Never mind.

19. Sur le 5ème jour God créa les bedrooms, et tout ce qui est dans un hôtel bedroom. Il créa les twin lits, et le cupboard avec pas beaucoup de hangers, et la kettle avec un tray de tea bags (3), coffee bags (3) et sachets de sucre (environ 40), et la télévision qui

n'a pas un ON/OFF switch, et la hôtel radio qui vous donne Radio Local et Radio One, mais rien pour les grown-ups, et le switch auprès de la porte qui n'est connecté à aucun light.

20. Il créa le hotel folder sur la bedroom table, qui ne contient aucun writing-paper, seulement ads pour le Carvery.
21. Il créa le shower unit.
22. Il créa le fluffy Kleenex dispenser.
23. Il créa le local phone book.
24. Il créa le double glazing.
25. Il dit: Maintenant, j'ai créé everything!
26. Et God regarda, et il dit: Hold on un moment, je n'ai pas créé un minibar.
27. Et behold, God créa un minibar dans un petit fridge, à des prix scandaleux. Et God regarda et vit que c'était bien, et il dit: Je suis knackered.
28. Et sur le 6ème jour God créa le hotel dining-room, et everything qui est dans le hotel dining-room.
29. Il créa le tray pour les céréals, les minuscules helpings de fruit juice, et les slabs de hotel scrambled oeuf.
30. Il créa le hotel toast.
31. Il créa le hotel hot plate.
32. Il créa le hotel cruet et table number.
33. Il créa le tiny paquet de beurre, et le sachet de mayonnaise et les deux grissini dans une envelope.
34. Il créa le basket pour le vin, et les napkins pour les bread rolls, et il inventa l'art de napkin-folding, et everything.
35. Et God regarda, et behold, everything était uniform et rationalisé et standardisé. Et c'était bon.
36. Et sur le 7ème jour, God dit: Voilà. Ca y est. J'ai fini. J'ai crée le parfait hôtel. C'est le premier hôtel du monde, le flagship du God Group de Hotels.
37. Just un moment, dit God. Il n'y a rien à lire dans les bedrooms. Je n'ai pas installé du reading material dans les bedrooms.
38. Et God créa la Gidéon Bible pour tous les bedrooms.
39. God regarda dans la Gidéon Bible, et vit que c'était absolument vide, totalement empty. Du papier blanc, c'est tout.
40. Fat lot de bon, pensa God. Il faut créer quelque chose pour aller dans la Gidéon Bible.
41. Un jardin, peut-être?
42. Oui, allons pour un jardin. Je vais créer un joli jardin, avec beaucoup d'animals, fleurs, etc, etc.
43. Peut-être même un humain ou deux.

44. Mais aujourd'hui je suis absolument fatigué. Je suis worn-out comme un vieux napkin.
45. Demain, je vais créer le reste du monde, pour donner un contents à la Gidéon Bible qui est maintenant si vide et ennuyeux.
46. Et God appela room service pour supper dans son bedroom, et un early night. (Continué dans la Bible, Génésis, Chapter 1, Verse 1.)

Murder dans la Cathédrale

Un Inspector T.S. Eliot mystery!

L'Archbishop était mort.

Il n'y avait pas un doubt possible.

L'Archbishop était un stiff Archbishop. Il était mort comme une gravestone.

Inspector T.S. 'Tom' Eliot donna un prod à la cadavre avec son pied, donna un petit groan et sortit son notebook.

Eliot avait été sur le point de prendre un well-earned afternoon sur le lawn. Un moment de rélaxation avec Mrs Eliot et tous les petits Eliotlings – un jeu de croquet, peut-être, ou une game de Hunt-le-Saracen. Et puis soudain, un message: murder dans la cathédrale. Inspector Eliot, get going.

Outside, il y avait beaucoup de sunshine. Ici, dans la cathédrale, tout était gloomy parmi les shadows. Les cathédrales sont gloomy au best de times, pensa Eliot, mais avec un murder cela devient intolérablement dreary.

Pourquoi je suis entré dans la police médiévale?

Pourquoi ne suis-je pas un joli prior ou abbot?

Pourquoi ne suis-je pas un brigand?'

Pourquoi ne suis-je pas un pilgrim, qui peut écrire un best-seller comme Geoffrey Chaucer? Inspector Eliot avait lu Les Contes de Canterbury, par Geoffrey Chaucer, et il pensait que c'était un OK livre, mais une masterpiece?

Pas pour son argent.

'C'est une scandale!' disait le Dean. 'Le murder de Thomas à Becket est une crime! Ah, c'est monstrous! C'est une offense contre Dieu! C'est le low-point des Middle Ages!'

Le Dean allait un peu over the top, pensa Eliot. Un typical churchman, avec une goody-goody expression et varicose veins, pleins de vin de communion. Le murder de l'Archbishop n'était pas bad news pour lui. Promotion, peut-être? Hmmm.

'Oui, oui,' dit Inspector Eliot. 'Un terrible évènement. Et je suis ici pour faire les inquiries. So, commençons.'

Il regarda le corps, encore une fois. Un compréhensif stabbing, et pas de mistake. Le pauvre vieux Archbishop avait été puncturé comme un colander, et le blood était everywhere. Tout ce blood sur les flagstones, c'est un problème pour le cleaning staff, pensa Eliot.

'Becket était ici au moment du murder?'

'Oui.'

'Que faisait-il?'

'Il marchait vers le vestry.'

'Et vous avez vu le murder?'

'Oui. C'était affreux! C'était scandaleux! C'était . . .'

'OK, OK . . . Je sais . . . Et qu'avez-vous vu?'

'Eh bien, j'ai vu l'Archbishop qui marchait vers le vestry . . . j'ai vu 4 touristes qui se sont approchées de l'Archbishop . . . ils lui posaient une question, je crois . . . et puis les 4 touristes ont commencé à assassiner Thomas . . . stab, stab, stab, stab! Oh, c'était le worst moment de ma vie!'

'C'était aussi le worst moment de la vie de Thomas à Becket, je suppose,' dit Inspector Eliot, drily.

'Well, oui,' dit le Dean. 'Mais aussi le worst moment pour Christendom.'

'Peut-être,' dit Inspector Eliot. 'Comme un officier de police, cela m'est irrélévant. Je ne suis pas ici pour protéger le Christendom.'

'Ah!' dit le Dean. 'Vous êtes pour anti-Christ, alors! Vous n'êtes pas pour Dieu!'

Eliot prit le Dean par le forearm.

'Look, sunshine,' dit-il. 'Je suis pour la justice. Je suis pour un quick clean-up dans votre cathédrale. Et si vous ne m'aidez pas, je vous aurai pour obstruction de justice, contempt de court, lack de co-opération avec la police, etc, etc, et vous serez dans le Canterbury nick dans le twinkling d'un oeil. OK?'

Ils se regardèrent.

L'expression d'Inspector Eliot était comme un bloc de glacier.

Le Dean fit une retraite.

'Je n'ai pas reconnu les 4 touristes,' il mumbla. 'Nous avons beaucoup de visiteurs ici dans la saison. Des pilgrims, des passants, des étudiants . . .'

'C'est normal pour les touristes? D'assassiner un Archbishop?'

'Non.'

'Alors, ils n'étaient pas de touristes normals?'

'Non, je suppose . . . .'

'Vous me dégoûtez,' dit Inspector T.S. Eliot.' Vous êtes sickening. Toute cette façade d'innocence et religiosité. Vous connaissez très bien l'identité des 4 assassins, n'est-ce pas?'

'Oui.'

'Et ils étaient . . .?'

'4 knights de la cour de Henri II.'

'Et leurs noms?'

'Je ne peux pas . . . je ne sais pas. . .'

'Vous êtes un dead loss,' dit Eliot. 'J'avais du respect pour Thomas à Becket, mais pour vous, seulement le scorn. Vous n'osez même pas accuser ses assasins. Vous avez peur de Henri II, n'est-ce pas?'

'Il est le roi!' dit le Dean.

'Il est le roi,' mimicka Inspector Eliot. 'Oh dear, oh dear, oh dear. Moi, si j'avais l'évidence, j'arrêterais meme Henri II. Mais vous ne me donnez pas l'évidence. Vous êtes une disgrace au cloth.'

Le Dean tomba sur ses genoux et commença à prier.

'Je déteste vos prières,' dit Eliot. 'Quand vous vous décidez à denoncer les quatre assassins, venez me voir dans mon home. Je serai là, en jouant au croquet. Ou à Hunt-le-Saracen.'

Il jeta un dernier regard sur la cadavre de Thomas à Becket.

'Vous êtes un dead loss, c'est tout. Que Dieu vous pardonne.'

Il commença à sortir de la cathédrale, quand le Dean dit soudain:–

'OK, OK, je vais vous dire tout, même l'identité des assassins!'

Phew, pensa Inspector Eliot. Juste à temps.

Sans le Dean, il était un dead loss, lui aussi.

Il ramassa son notebook, et commença à écrire.

'Right. Ces 4 knights, qui étaient-ils?'

C'était un beau jour, outside.

Lovely weather pour un jeu de croquet.

Ou Hunt-le-Saracen.

Plus tard, peut-être.

Sherlock Holmes: The Missing History

Mon ami, Sherlock Holmes, avait passé un fortnight ou deux sans un client, et il commençait à souffrir d'un peu de stress. Il n'aimait jamais être dans une condition d'idleness; pour lui, un customer représentait de l'activité, de l'exercise pour ses brain cells. Sans un customer, il était restless et maladroit.

'Pour moi,' il disait, 'un customer avec un bon mystère représente un test de l'imagination! Je suis alive! C'est une challenge! Excitement!'

Et après une intervale, il ajoutissait:–

'Et beaucoup de lolly. N'oublions pas le lolly.'

Mais cette fois il n'y avait ni excitement ni lolly. Holmes passait le jour entier dans son dressing-gown, yawning et lisant le Times. Un jour il dit soudain:–

'Ah ha! Écoutez ceci, Watson! Dans le Times, ce matin. "Le body du jeune homme, Patrick Carstairs, fut inerte sur le turf, après un cruel blow sur la tête".'

'Let's go, Holmes!' criai-je. Quickly, je réunis mon châpeau, mon overcoat, mon argent, mon passeport, mon Army révolver, mon life-preserver, mon parapluie, mon hip-flask, mon *Who's Who*, mon Army blanket, mon tent, mon coil de rope. . . . Tout à coup, j'avais la réalisation que Holmes était toujours dans son armchair. Il me regarda nonchalamment, avec un sourire quizzical.

'Ne venez-vous pas?' dis-je. 'Holmes, ce pauvre jeune homme, inerte sur le turf! N'avez-vous pas de pitié? Allons immédiatement à ... à ... où est-ce, incidentellement?'

'A Twickenham,' dit Holmes. 'C'était un incident dans un rugby

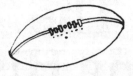

game. Patrick Carstairs était parfaitement all right, deux minutes plus tard. Il était un étudiant médical, dans un rugby tournament de hôpital, donc il y avait 29 docteurs en attendance sur lui.'

'Oh, really, Holmes! Pourquoi avez-vous insisté sur le reading out de ce ridiculous item? Quelle rélévance a-t-elle?'

'Absolument nulle,' dit Holmes, 'mais il représente une avance sur le weather forecast. Je suis bored hors de mon skull, Watson. Incidentellement, avez-vous remarqué une chose bizarre?'

'Où?' criai-je, en ramassant mon Army revolver, mon deadly blow-pipe, ma bouteille de strychnine, mon knobkerry, mon assegai. . . .

'Oh, stop it, Watson!' dit Holmes, vivement. 'Vous commencez à m'agacer. Non, la bizarre chose est que nous sommes best friends maintenant depuis 15 years, et nous nous adressons toujours par les surnames. Pour moi vous êtes toujours Watson, et pour vous je serai toujours Holmes. C'est très formal, n'est-ce pas?'

'Allez-vous proposer, pas hasard, que nous transférons à Christian name terms?'

'God forbid. . . ! Incidentellement, votre Christian name, c'est quoi?'

'John,' dis-je.

'*John!*' répéta Holmes, ses eyebrows en take-off position. 'Voilà un nom ordinaire, banal et sans distinction. Avoir un nom comme John, c'est un peu comme la possession de flat feet ou un stammer.'

'Je suis charmé, je suis sûr,' je dis, légèrement insulté, nay, coupé au quick par son lack of feeling. 'Et votre name, votre Christian name, Holmes? Il n'est pas du tout banal ou quotidien, je suis sûr.'

'Pas du tout. C'est Sherlock.'

'Sherlock? *Sherlock?*' Je réfléchis un moment. 'Quel nom extraordinaire. C'est la première fois que je le rencontre. Sherlock! Mais il n'est pas un Christian name! Il y a quelqu'un dans la Bible du nom de

Sherlock? Un Saint Sherlock, peut-être, ou un Blessed Pope Sherlock? Non, je ne crois pas. Sherlock n'est pas un Christian name, c'est plutôt un trade name. "Votre home est safe avec Sherlock fittings!"'

'All right, all right,' dit Holmes. 'Juste parce que j'étais offensif vers John ...'

'Sherlock!' je continuai. 'Ce n'est pas un boy's name, c'est un girl's name. Shirley Holmes. Mon ami Shirley, est une girlie...!'

Holmes se leva avec un regard de fureur terrible, comme un berserk warrior. Il avançait vers moi. Ses features devenaient purple.

'A l'école,' il dit avec une voix etranglée, 'à l'école on m'appelait Shirley. Mon school-life était une misère à cause de ça. Je déteste le nom de Sherlock. Et maintenant vous ... *vous* ...'

Il se jeta sur moi. Luckily, j'avais mon Service revolver, knobkerry, dagger, crossbow, phial de cyanide, etc, et c'était un fair et equal fight. Moi, j'étais en possession d'armes supérieures, mais Holmes était dans le pink de condition. Nous échangions des hand-shakes et nous avons fait un solemn undertaking à boycotter le sujet de Christian names.

'Vous êtes très excitable quand nous n'avons pas de customer,' dit Holmes.

'*Moi?*' protestai-je. 'Mais c'est vous qui ...'

'Ah, je sais, je sais. J'ai lu vos histoires, Watson – je suis un avid reader de vos chronicles. Toujours la même chose. "Holmes était très

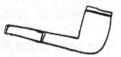

impatient quand il n'avait pas un customer. Il jouait du violon. Il prenait la cocaine. Il fumait sa pipe hideuse, il découpait des cuttings dans le Times, il s'exercisait au boxing ou target practice ...'"

'Il est vrai, n'est-ce pas?'

'Absolument. Mais vos deductions sont fausses. Quand nous n'avons pas un customer, j'ai beacoup de hobbies et pastimes – violon, cocaine, etc. – pour passer le temps. Mais vous, vous n'avez rien. Pauvre Watson – vous êtes entièrement without an interest dans la vie. Vous êtes comme un dummy. Et c'est pour cela que vous avez tous ces Army revolvers, knobkerries, flasks de cyanide, life-preservers, etc. Vous êtes, frankly, un psychopath dans le making. C'est vous qui avez le twitch, pas moi.'

J'étais sur le point de réfuter les monstrueuses allegations, qui d'ailleurs étaient absolument correctes, quand il y avait un knock sur la porte.

'Ah ha!' dit Holmes. 'Un client, peut-être. Vous allez relaxer dans un moment, j'espère, Watson.'

Notre visiteur était un handsome jeune homme de 21 ou 22, well-built avec des cheveux blonds. Mais dans ses yeux je voyais un mood de despair et wretchedness, comme si quelque catastrophe l'avait frappé sur le skull, dans un dark alley. Il me regarda. Puis il regarda Holmes. Puis il me regarda encore. Puis il tourna son regard vers Holmes. Puis il tourna ses yeux vers moi. Puis . . .

'OK, assez!' cria Holmes.' Vous nous rendez dizzy! Make up your mind! Regardez Watson, ou regardez-moi, mais ne circulez pas votre regard comme une light-house!'

Le jeune homme fixa son sombre regard sur Holmes et dit:– 'C'est vous, M. Sherlock Holmes?'

'Oui,' dit Holmes, 'et ceci, c'est mon ami et collaborateur, Dr John Watson.'

'*John* Watson?' dit le jeune homme. 'Voilà un nondescript et lacklustre nom. Le nom d'un nonentity, quoi.'

Dans un flash, j'avais assemblé mon pistolet, mon dagger, mon cosh et mon ice-pick, et j'étais sur le point de lui donner le treatment, mais Holmes a mis un restraining hand sur ma sleeve.

'There, there, Watson,' dit-il. 'Calmez-vous. Il est un jeune homme et il ne sait pas exactement ce qu'il dit. Il est aussi, si je ne me trompe pas, dans la profession médicale. Il est un joueur de rugby.'

'C'est vrai!' dit le jeune homme, étonné. 'Mais comment le devil . . .'

'Vous n'êtes pas marié,' continua Holmes, 'mais vous êtes très fond d'une jeune femme, probablement votre soeur. Et vous êtes allergique aux chats.'

'Bon Dieu, Holmes,' exclamai-je. 'C'est miraculeux! Comment vous savez tout ça?'

'D'abord, il tient une thermomètre derrière son right ear. C'est la marque d'un docteur, mais d'un docteur sans beaucoup d'expérience; il est donc probablement un student, et inévitablement un enthusiastique joueur de rugby. Ses vêtements ont été soigneusement réparées par le loving hand d'une femme attentive. The wife? Non, je ne crois pas. Un medical student n'a pas l'argent pour être marié. Donc, une soeur.'

'Amazing!' cria le jeune homme. 'Mais, mon allergie aux chats?'

'Simple, mon cher jeune homme. En entrant dans la chambre, vous avez regardé dans chaque coin. Vous avez fait un peu de sniffing –

sniff, sniff. Vous étiez très cautious – mais pourquoi? Après, vous avez montré beaucoup de relief – again, pourquoi? Parce que, je suis sûr, nous n'avons pas de chat. L'absence d'un chat a produit l'absence de votre allergie!'

'Quand vous expliquez vos déductions, il devient très obvious,' dis-je. 'Très simple et très . . . très . . .'

'Oui?' demanda Holmes, en me donnant un regard comme un dagger.

'Très boring,' dis-je.

Holmes se contrôla avec un effort, puis se tourna au jeune homme.

'Pourquoi pas nous dire votre problème, Monsieur . . .'

'Carstairs. Patrick Carstairs.'

'Ah! C'est vous, le jeune homme qui fut inerte sur le turf de Twickenham, hier!'

'Oui, le very same. C'était dans le match de Guy's Hosptial v. Doll's Hospital. Moi, je suis dans le scrum pour Guy's. Eh bien, j'ai une soeur que j'aime beaucoup – vous avez raison, M. Holmes – par le nom de Pauline.'

'Votre soeur, Pauline, est aussi un keen joueur de rugby?' dis-je, pour paraître un intelligent contributeur à la conversation. Mais la conversation continua sans moi.

'Ma soeur est engagée à être mariée à son fiancé, un certain Jack Templeton, qui est un architect. Un bon chap, un très bon sort. Jack a acheté pour ma soeur un engagement ring qui est terriblement lavish et extravagant, plein de diamants, safirs, fancy bits, etc. Well, anyway, Pauline pensait que le ring était wonderful, mais il était aussi un peu loose; le fitting n'était pas exact. So elle m'a demandé d'organiser des altérations pour le ring. Aller au jeweller, arranger le re-cutting, etc.'

'Je suis avec vous so far,' murmura Holmes, 'mais il semble que nous avons perdu sight du rugby game. Il est rélévant?'

'Absolument. Au rugby pitch, j'avais le ring de Pauline avec moi. Je ne pouvais pas prendre la risque de la laisser dans le dressing-room – vous savez comme les personal possessions ont une habitude de faire le vanishing trick dans les changing-rooms – donc, j'ai porté l'engagement ring pendant le match.'

'Soyons clair ici,' dit Holmes. 'Pour le rugby match vous avez porté shirt, shorts, socks, boots et engagement ring.'

'Oui.'

'Continuez.'

'Dans un scrum dans le second half, j'ai été rendu unconscious par un coup sur la tête, comme vous avez lu dans votre Times. J'étais out cold pour une minute, deux, peut-être. Et quand j'avais regagné le consciousness – *l'engagement ring avait disparu!* Là, sur le rugger pitch, en open daylight, j'étais victime d'un crime!'

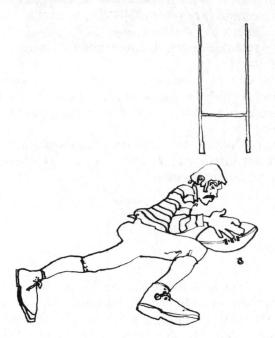

'Un mugging dans le privacy du scrum,' dit Holmes. 'C'est certainement une affaire singulaire. Je ne peux pas me souvenir d'un cas parallèle, sinon de 'The Case of the Unfaithful Batsman', dans lequel un célèbre England batsman a commis l'adultery pendant le second innings d'un international contre Australia.'

'Sur le *pitch*?' dit Carstairs avec un gasp.

'Oui,' dit Holmes. 'Mais au dead de night. Now, je présume que si le ring continue à aller missing, c'est curtains pour l'engagement de votre soeur et M. Jack Templeton?'

'Oui.'

'Votre soeur, elle a informé M. Templeton du vanishing du ring?'

'Elle ne sait pas encore. Je n'ai pas osé le lui dire.'

'Hmm. Well, vous êtes dans un sticky hole. Mais je crois que je vois une solution. Laissez le problème à moi, et dans 24 heures, je crois que j'aurai de bon news pour vous.'

'Oh, Mr Holmes, j'espère bien que oui! Je ne suis pas un riche homme, mais si je peux vous recompenser . . .'

'Tut tut,' dit Holmes. 'N'en parlons pas. Incidentellement, pourquoi vous êtes venu me voir?'

'Well, l'engagement ring et everything. Vous avez oublié?'

'Non, non!' dit Holmes, impatiemment. 'Pourquoi vous êtes venu me voir, et pas la Police, ou un autre détective, ou la compagnie d'assurance, etc?'

'Ah!' dit le jeune homme. 'C'est bien simple. Mon père était à l'école avec vous, et il a une grande opinion de votre power. Si vous êtes jamais en trouble, my boy, il me dit sur quelques occasions, si vous êtes jamais dans un spot de bother, allez voir Shirley Holmes! Shirley Holmes est un génius!'

En écoutant son nickname de schooldays, Holmes devint pink, puis crimson, puis scarlet, puis deep purple. Les muscles se dessinaient comme du whipcord sur son neck. Ses yeux étaient comme deux hysterical gooseberries. Il se leva de son armchair, et avança sur l'infortuné Patrick Carstairs.

'Vous avez commis la chose unforgiveable!' dit-il. 'Vous avez fait preuve d'être en possession de mon shameful schooldays secret. Vous devez mourir!'

So saying, il prit mon Army révolver et envoya six shots dans la tête du late M. Patrick Carstairs. Le jeune homme fut inerte sur le carpet de notre Baker Street home, tout comme à Twickenham, mais beaucoup plus mort.

Holmes me regarda.

Je regardai Holmes.

'Tut tut,' dis-je.

'Tut tut indeed,' dit Holmes. 'J'étais un peu hasty.'

'Over-reacting,' dis-je. 'Un exemple classique d'over-reacting.'

'Peut-être,' dit Holmes, 'et peut-être pas. Anyway, quoi next?'

'Plenty, Holmes. Réfléchissez. Moi, Dr Watson, je suis en possession de vos secrets. Je sais qui a tué Patrick Carstairs. Je connais votre schooldays nickname. Et j'ai un accès à la publique opinion, avec mes chronicles de Baker Street. Si vous me donnez jamais un peu d'aggro, un peu de hassle, je peux vous emmener chez le cleaner.'

'Come, come, Watson, c'est un peu heavy-handed, n'est-ce pas? Vous allez ruiner notre friendship pour un petit incident comme ça?'

'Non,' admis-je. 'Mais pour moi, c'est fantastique d'avoir le whip-hand sur vous, pour une fois dans un while. Vous êtes toujours le winner; voir les tables tournées pour un change, c'est nice.'

'Pauvre vieux Watson,' dit Holmes.

'Je ne suis pas pauvre vieux Watson!' m'écriai-je, en sentant mon advantage allant par le plug-hole. 'Nous avons toujours deux problèmes, in any case, Holmes. Et je vous défie d'y trouver une solution!'

'Quels deux problèmes?'

'No 1. Un corps sur notre sitting-room carpet.'

Holmes sonna le belle pour Mrs Hudson, la housekeeper. Après un moment, elle entra, bobbing et curtseying.

'Oui, M. Holmes?'

'Mrs Hudson, il y a un stiff corps sur le carpet. Je ne le trouve pas une distraction très plaisante.'

'Oh, lawks!' dit Mrs Hudson, dans un tizzy. 'Quel mess! Voilà un to-do! C'est un right cobblers, et no mistake! Nous avons eu un bit de mullarkey ici! Lawks, strewth, gorblimey, je devrais cocoa!'

'Never mind le Cockney badinage,' dit Holmes. 'Je demande *action*! *Faîtes* quelque chose, Mrs Hudson!'

'Oui, M. Holmes.'

En 5 minutes la chambre était corpse-free.

'Et le second problème, Watson?'

'Well, le mystère du missing ring. Qui a disparu dans le scrum. C'était un simple mugging, ou quelque chose de plus sinistre? Saurons-nous jamais?'

Comme réponse, Holmes ramassa le Times, avec le sports report du rugby match.

'La solution est ici, dans le match report. Patrick Carstairs, comme il a dit, jouait dans le scrum pour Guy's Hospital. Mais qui jouait dans le scrum pour Doll's Hospital? Hmm? Well, voilà les noms des 8 forwards. 'Wiscup, Spooner, Lammas, Mint-Kendal, Templeton, Wilkins . . .'

'Templeton. C'est un nom familier.'

'Précisément. C'est le nom du fiancé de Pauline Carstairs. Une coincidence? Je ne crois pas. Je crois que Templeton, le rugby player, était le frère de Jack Templeton, le fiancé. Je crois, furthermore, que Jack Templeton était fed up avec son engagement à Pauline. Mais comment faire le recovering du ring? Un baffling problème. Et puis il découvrit que son frère jouerait dans le scrum contre Patrick Carstairs! Une solution miraculeuse!'

'Holmes, vous êtes un génius. Ces problèmes sont si inexplicables, mais quand vous venez à donner vos explications, quand vous déroulez tout . . . .'

'Cela semble si simple?'

'Non. Cela semble un load de codswallop.'

Holmes donna un laugh.

'Watson, vous êtes un homme changé. Peut-être la découverte de mon schooldays sobriquet a été un blessing en déguise. Mais promettez-moi une chose.'

'Volontiers.'

'N'écrivez jamais The Case of the Rugby Robbery.'

'Je promets.'

'Avec la mention de mon nickname, et la mort infortunée de Patrick Carstairs.'

'Je promets.'

'Bon chap. Et maintenant je crois que nous serons juste à temps pour le concert au Wigmore Hall.'

La Morte d'Arthur

Un Inspector Thomas Malory mystery!

King Arthur était mort.

Il n'y avait pas un shred de doubt.

Il était absolument mort.

Inspector Thomas Malory regard le corps, donna un petit sigh et tourna au seul witness qu'on avait trouvé.

'Nom?'

'Sir Bedivere.'

'Profession?'

'Knight de la Table Ronde.'

Inspector Malory savait très bien que Sir Bedivere était un knight de la Table Ronde. Presque tout le monde, these days, était un knight de la Table Ronde. Ils allaient sur leurs quests, et leurs missions, et leurs efforts à trouver le Holy Grail, et tout cela involvait mortal combat sur une grande scale. Et qui devait sortir de son lit à 3 am, et venir poser des questions aux perishing knights de la Table Ronde? Pauvre vieux Inspector Malory, voilà qui. Chaque bloody night, encore un autre cadavre. Et maintenant, le Big One. King Arthur lui-même.

Il était mort.

Il n'y avait pas de doute.

Et Tom Malory, Inspector de Saxon Yard, avait le job de trouver le culprit.

Wonderful.

'OK, sunshine,' il dit à Sir Bedivere. 'Si vous pouvez décrire exactement les circonstances sous lesquelles vous avez trouvé le late monarch.'

'All day la bataille a ragé,' dit Sir Bedivere. 'Les forces du wicked

Sir Mordred, usurpeur de la trône d'Angleterre, s'étaient rangées contre les hosts du preux chevalier, King Arthur, qui s'est battu comme un lion, comme une eagle . . .'

'Oui, oui,' dit Malory, qui était fatigué. La bataille était un job pour someone else, pas pour lui. 'Juste dites-moi comme vous avez trouvé le corps.'

'King Arthur était sore stricken sur le champ de bataille,' dit Bedivere. 'Il m'a demandé de le mener dans un nearby thicket. Là, il pouvait se reposer avec ses wounds. Mais je savais qu'il mourait. C'était son dernier jour sur la terre, et il le savait.'

'Qui lui a donné ses wounds?'

'Les forces de Sir Mordred,' dit Sir Bedivere.

'Pouvez-vous décrire les forces de Sir Mordred?'

'Ils étaient environ 10,000 avec grandes moustaches et mighty armour.'

Inspector Malory donna encore un sigh. Sir Bedivere n'était pas très helpful. Comment pouvait-il arrêter 10,000 blokes avec moustaches et armour? Ce n'était pas practical. Il n'avait pas le manpower, pour une chose. Pour une autre, ce n'était pas une description avec beaucoup de détail.

'OK. Et après?'

'Après, King Arthur a dit une final prière, et il expira. Puis j'ai appelé la police.'

'So, vous êtes le dernier homme à voir le late King Arthur?'

'Oui.'

Inspector Tom regarda le corps de King Arthur. Il y avait une careworn expression sur ses features, une expression presque de tragédie. Pauvre bloke. Tout le monde connaissait la triste histoire de lui et Guinevere et Lancelot. Toujours la même chose. Women. Puis, il pensa à Mrs Thomas Malory, et donna une différente sorte de sigh.

Puis il stiffena.

Il avait remarqué quelque chose de curieux.

Quelque chose qui n'était pas correcte.

Quelque chose de wrong.

'Dites-moi, Sir Belvedere . . .'

'Bedivere.'

'. . . Sir Bedivere. Les régulations de la Table Ronde. Elles sont très strictes, n'est-ce pas?'

'Oui.'

'Une des régulations dit: Ayez votre weapon tout le temps.'

'Oui. Day et night.'

'Bon. *Où est le sword de King Arthur?*'

Sir Bedivere hésita. L'inspector, le croirait-il, s'il disait la vérité? Il se décida à dire la vérité.

'King Arthur m'a demandé de jeter son sword dans le lac. Je crois que c'était un loan de quelque sorte. Anyway, je suis allé au lac, et j'ai jeté le sword dans l'eau.'

Oh, blimey, pensa Inspector Malory. Un job pour les frogmen. Le dernier straw.

'Dans l'eau, eh?'

'Oui. Mais avant que le sword ait fait un landing sur la surface, une main, clad en samite blanche, se leva du lac et attrapa le sword.'

'I see. Si j'ai les choses aright, vous avez jeté le sword dans l'eau, mais une main, un peu comme un goalkeeper, monta du lac et prit le sword.'

'Oui.'

Inspector Malory metta son notebook dans son tunic et produit ses handcuffs.

'Sir Bedivere, je vous arrête pour le murder de King Arthur. Aussi, pour le theft d'Excalibur. Vous avez le droit de contacter votre soliciteur en 24 heures. Meanwhile . . .'

Meanwhile il y avait beaucoup de paperwork, et un hard slog jusqu'à dawn. Still, il avait la consolation d'avoir spotté le killer. Ce n'était pas toujours ainsi. Une promotion ici pour lui, peut-être . . .

Du coin de son oeil il vit une barge, avec muffled oars, arriver sur la rivière. Blimey. C'était le last straw. Un parking offence.

Un Jours dan la Vie de Ivan Denisovitch

par Alexander Solzhenitsyn

Matin
7.03. Get up.
Je m'habille.
Miss petit déjeuner.
Préparation pour travail.
7.04. Commencer le travail.
Travailler tout le matin.
Aujourd'hui, nous sommes occupés dans le construction d'un brick wall.
C'est intéressant, si c'est la première fois que vous construisez un brick-wall.
Pour moi, c'est la 117ème fois.
Les brick-walls ont perdu leur charme, pour moi.

C'est seulement mon opinion personelle.
11.59. Je dis bonjour à un guard.
Il me donne un beating.
C'est mon 117ème beating.
Je préfère un brick-wall, moi.

C'est un living hell ici.

1.01. Lunch-time.

Un guard dit: 'Eh! Vous êtes Ivan Denisovitch? Le gouverneur veut vous voir! Oui, le prison boss, dans son office!'

Blimey O'Stalin.

Quoi maintenant?

Est-ce que le guard qui m'a donné le beating a eu un fit de remorse, et il veut exprimer ses regrets, en me donnant un full, frank et libre hand-shake?

Ou est-ce que j'ai reçu un free pardon?

Les cochons, peuvent-ils voler?

Je suis accompagné au bureau du gouverneur.

Je dis bonjour au gouverneur.

Le guard me donne un beating, pour familiarité.

Gouverneur: Non, laissez-le. Monsieur Denisovitch a des amis très influentiels. N'est-ce pas, Denisovitch? Des chums en hauts lieux, eh?

Moi: Quels lieux, Sir?

Gouverneur: Comme Hollywood, par exemple.

Moi: Comme *quoi* ?!?!

Gouverneur: J'ai ici un télégramme. De Hollywood. Il dit: 'Request permission faire film, *Jour dans la Vie d'Ivan Denisovitch*, standard contract, Tom Courtenay dans le lead-role, 1% royalties, svp signalez acceptance'. Well, Denisovitch?

Moi: Well, what?

Gouverneur: C'est un turn-up pour le livre. Vous, un prisonnier insignifiant, un nothing, un cog anonyme, un victime minuscule du système, un nonentity oublié, un speck de dust dans History. . . .

Moi: OK, j'attrape le drift général.

Gouverneur: . . .Que vous soyez le sujet d'un life-story à Hollywood, c'est unthinkable.

Moi: C'est seulement un day-dans-le-life-story.

Gouverneur: Oui, mais quand même. Après tout, moi, je suis le gouverneur de ce prison camp. Je suis un type important. J'ai des problèmes, des headaches, des conflits morals – oui, même moi, j'ai une conscience! Du moins, j'ai de l'indigestion. Je serai parfait comme le sujet d'un film! 'Un Jour dans la Vie d'un Busy Prison Gouverneur'.

Moi: How about 'Mein Camp'?

Gouverneur: Mmm. Pas mal. Vous pouvez avoir un mot avec vos amis a Hollywood?

Moi: Mais . . . je n'ai pas d'amis à Hollywood! Je suis aussi mystifié que vous, même plus. Après tout, ma vie est très monotone, très répétitive.

Gouverneur: J'accepte le crédit pour ça.

Moi: Donc, ça va être un low-key film.

Gouverneur: Alors, acceptez-vous le Hollywood offer, ou non?

Moi: Je ne suis pas sûr. Je ne suis pas sûr si Tom Courtenay est right pour le rôle.

Gouverneur: Vous pensez que non? C'est un bel acteur, avec beaucoup d'expressivité.

Moi: Oui, je sais, mais il est un peu down-beat. Moi, je préférerais quelqu'un comme . . .

Gouverneur: Marlon Brando, peut-être? Ou Yul Brynner? Ça mettrait notre prison camp sur le map!

Moi: Non. Norman Wisdom ou Jerry Lewis.

Gouverneur: Norman Wisdom ou Jerry . . . .? ÊTES-VOUS TOUT À FAIT STARK STARING FOU??

Moi: Non. Pas encore.

Gouverneur: Comment pouvez-vous justifier Norman Wisdom ou Jerry Lewis dans le lead-role? C'est comme le casting de Charlie Chaplin comme . . . comme . . .

Moi: Hitler?

Gouverneur: Oui.

Moi: Vous avez oublié 'Le Grand Dictateur'?

Gouverneur: Wise guy! Donnez-lui un beating!

Le guard veut bien, mais le gouverneur se souvient soudain que je suis maintenant un hot property.

Gouverneur: Non, non, hold it! Écoutons vos raisons pour Norman Wisdom.

Moi: Cela donnera au film un certain upbeat quality, un fizz et un pop. Tom Courtenay est un peu lugubre, pour mon goût.

Gouverneur: Mais ne trouvez-vous pas que la vie, ici, est quelquefois sur le lugubre side?

Moi: Absolument. Espéciallement le weekend.

Gouverneur: Well, il faut être honnête. Il n'est pas un bundle de fun ici, avec les beatings et starvings et le perishing froid à night-time. Donc, un film doit transmettre ce lack de home comforts.

Moi: Oh là là, ce n'est pas très box-office, ce que vous portrayez là! Je vois d'ici les posters: 'Un Jour Dans La Vie D'Ivan Denisovitch . . .

Harrowing. ... Atroce. ... Ghoulish. ... Un lovely evening pour toute la famille!' Ah, non, je ne veux pas être associé avec un mega-grim epic comme ça.

Gouverneur: Et moi, je ne veux pas être associé avec un Norman Wisdom 'Carry On Up the Camp' type film! Avec chansons et dancing, et guest appearance par Robert Morley, et un cameo par Peter Sellers! C'est dégoûtant! Je désire un respectable, honnête, torturé, libéral film! Qui prend mon camp sérieusement!

Moi: Pas même une guest appearance par Barbra Streisand?

Gouverneur: Une femme? Dans mon prison camp? Quelle pensée inacceptable!

Moi: OK. J'accepte vos conditions.

Gouverneur: Bon. Je vais envoyer une cable à Hollywood. 'Nous acceptons le deal.'

Moi: 'Sur la condition que vous produisez un tell-it-like-it-is film.'

Gouverneur: 'Sur la condition que vous produisez un warts-and-all film' OK, back to work, Ivan Denisovitch! Vous n'êtes pas encore un star!

Moi: Non, M. le Gouverneur.

Miss lunch.

2.34 Afternoon.

Travail.

Méditation.

J'ai bien fait avec le gouverneur?

Oui, je crois.

Il insiste sur un film sérieux.

C'est une victoire énorme.
Dieu merci qu'il ne soit pas un Norman Wisdom fan.
Miss tea.
7.00. Knock-off time.
8.00. Miss supper.
9.00. Lights out.
Méditation sur le film.
Très exciting prospect, of course.
Mais hasardeux.
Si le film est un flop, les guards vont me donner beaucoup de beatings.
Et Tom Courtenay.
Je ne suis pas sûr s'il est right pour le part.
John Hurt, peut-être?
Hmm.
Il est difficile quand vous êtes dans le big time.
Un big shot, comme moi.
Les décisions, toutes ces décisions!
Let's sleep on it.
Encore un jour fini.
Bonne nuit, tous.
See you le matin.
Toodle-oo.

Mills & Boon

Le plus grand love story de tout!

C'était l'amour à first sight.
Lui, c'était un petit bloke, du nom de Mills.
L'autre, c'était un grand bloke du nom de Boon.
C'était l'amour, à first sight.
'Vous avez un certain something,' dit Mills, doucement.
'Je trouve en vous un certain je ne sais quoi,' dit Boon.
Ils restèrent en silence pour quelques minutes.
'Vous voulez être un publisheur avec moi?' dit Boon.
'Oh, oui, oui, oui, oui!' dit Mills.
Peut-être c'était l'autre way round.
Mais c'était l'amour à first sight.

Metamorphosis

par Franz Kafka

First thing au matin, quand K s'éveilla, il trouva qu'il avait été transformé en un giant cockroach.

Voilà une fine thing! Un moment, un bloke, le next moment, un cockroach.

Il pouvait anticiper l'attitude de sa famille. L'apathie ... le boredom ... le neglect ... le lack total d'intérêt.

En quoi, il était terriblement wrong. Car, après breakfast, ils sont allés au shop pour acheter un giant economy pack de cockroach poison.

Et, par lunch-time, c'était all over.

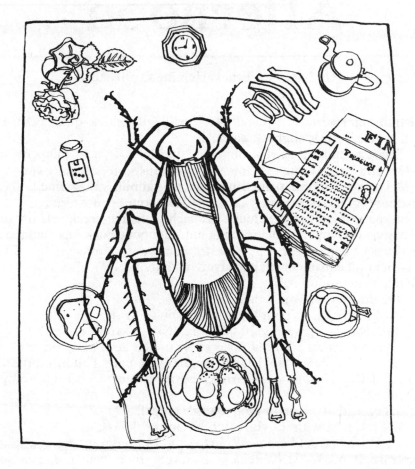

Death in the Afternoon

Un Inspector Ernest Hemingway mystery!

Le bull etait mort.

Il n'y avait pas le slightest doubt.

C'était un taureau mort.

Ou, en Espagnol, un toro muerto, pensa Inspector Hemingway.

Mais, en n'importe quelle langage, un dead bull est un dead bull est un dead bull, avec beaucoup de rump steak pour le butcherman.

Inspector Hemingway donna un sigh. Officiellement, c'était son afternoon off, mais il n'y avait pas un spare policeman à la station, et ils l'avaient téléphonés. Eh, Ernesto, hombre, que pasa? Look, il y a un dead bull dans le town, dans votre neighbourhood, allez voir, huh? Merci. Vous êtes un pal.

Et maintenant, le voilà, dans l'arena.

'Y a-t-il un witness pour la mort de ce bull?' fit-il.

'Oui!' était la réponse de 10,000 voix. 'Nous l'avons tous vu!'

Inspector Ernest Hemingway était au milieu de la plaza de toros de Cachaca. L'audience de 10,000 people était dans l'auditorium. Ils étaient dans un bad mood. L'arrivée de ce policeman avait interrompu le bull-fight.

'Get on with it!' vint un shout dans le crowd.

'Si! Si! Get on with it!' vinrent 9,999 autres shouts.

Lentement et délibérément, Inspector Hemingway tira son notebook de sa poche. Il chercha son crayon. Il le trouva. Il prit son pen-knife dans sa poche et commence, lentement, à donner un sharpening à son crayon. Il ouvrit son notebook.

'J'ai tout le temps dans le monde,' il dit au crowd. 'Maintenant, vous êtes tous des witnesses?'

'Oui!'

'Bon. Je vais prendre les noms et les adresses de tout le monde. Vous first, le bloke avec le sombrero.'

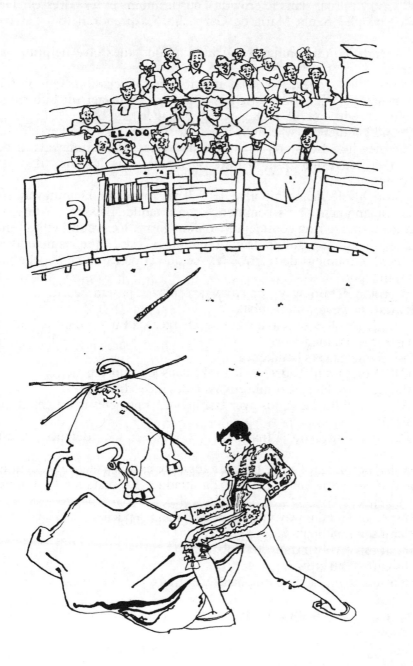

Il y avait uproar dans le crowd. Tous les noms et les adresses? De 10,000 people? Santa Maria de Gazpacho! Ça prendrait tout l'afternoon!

'J'attends,' dit Hemingway, grimly. 'Vous allez être helpful, ou non?'

Derrière les scènes, il y avait une frenzied discussion. Que faire? Qui avait une bright idée? Ramon Quintero, manager du bull-ring, avait une bright idée. Il fit une ordre: Send in le next bull!

Quand l'audience vit le bull, il y avait silence, puis pandemonium. Le dernier homme à voir le bull était Inspector Hemingway. Il se tourna et remarqua qu'il n'était plus seul dans le ring. Il avait company.

At roughly le même moment le bull vit Inspector Hemingway. Il pausa un moment, puis commença son attaque. Baissant sa tête, il chargea across le ring comme un runaway lorry. Le ground vibrait un peu. Le drumming des hoofs était audible. C'est ce que les matadors appellent le moment de truth. C'est ce que la police force appelle un awkward spot.

Inspector Hemingway, son adversary, n'avait pas un sword.

Il avait, however, un révolver.

Il prit le révolver de son holster, déchargea six bullets dans le bull et le regarda qui tomba mort.

Puis il tourna vers l'audience.

'OK. Votre nom et adresse, le bloke dans le sombréro.'

Mais le bloke dans le sombréro avait des idées différentes.

'Ah non,' il hurla. 'Vous avez tué le bull! Vous êtes maintenant un assassin!'

'Pas du tout,' dit l'Inspector. 'C'était en self-defence. C'est justifiable.'

'Mais, bon Dieu, l'autre bull fut aussi tué en self-defence! C'était le matador contre le bull. Le bull l'a attaqué. Le matador l'a tué en self-defence.'

Inspector Hemingway mit son crayon dans sa poche.

Il mit son notebook dans sa poche.

Il mit son révolver dans son holster.

Il s'adressa au crowd.

'Fair enough. Le case est maintenant fermé. Continuez avec votre bull-fight.'

Et moi, pensa Inspector Hemingway, je peux continuer avec mon afternoon off.

106

Five Complete Plays

PAR OSCAR WILDE

1. LADY WINDERMERE'S FAN

La résidence de Lady Windermere. Il y a un knock à la porte. Lady Windermere ouvre la porte. Il y a un bloke là.
Bloke: Vous êtes Lady Windermere?
Lady W: Oui.
Bloke: Ah, Lady Windermere, je crois que vous êtes très spéciale. Non, mais vous êtes vraiment wonderful, une superlady. Non, mais honnêtement je suis votre plus grand fan. Non, mais really . . .
Lady W: Not today, merci.
Slamming de la porte.

CURTAIN

2. UNE FEMME DE NO IMPORTANCE

La résidence de Lady Windermere. Il y a un knock à la porte. Lady Windermere ouvre la porte.
Lady W: Pour la dernière fois, j'ai dit – Not today, merci!
Femme: Pardon?
Lady W: Oops – ma mistake. Et qui êtes-vous, madame?
Femme: Oh, nobody spécial. Je fais un peu de canvassing pour le SDP.
Lady W: In which case, vous pouvez aller à la tradesmen's entrance. Je ne discute *jamais* la politique avec total strangers.
Femme: Merci, I'm sure.
Slamming de la porte.

CURTAIN

3. UN IDEAL HUSBAND

Un autre knock à la porte. Entrent Lord et Lady Windermere.
Lady W: Je suis fed up avec le constant knocking sur la porte. Les rues sont pleines de total strangers nowadays. Dans mon youth, everybody connaissait everybody.
Lord W: Yes, dear.
Lady W: Il y avait une femme à la porte just now, qui voulait me parler de la politique. La politique n'est pas un topic pour une lady. Mon père était le Prime Minister pendant un fortnight, vous savez, mais je ne savais jamais de quel party il était un membre.
Lord W: Yes, dear.
Knocking sur la porte.

Lady W: Eveiller Duncan avec ton knocking! Ah, si c'était seulement possible! ... C'est une allusion Shakespearienne, vous savez. Une éducation n'est pas très lady-like, je sais, mais une single line de Shakespeare n'est pas excessif.

Lord W: Yes, dear.

Lady W: Vous êtes un ideal husband, je sais bien, mais l'exchange de witticisms et epigrams avec vous est quelquefois hard going.

Lord W: Yes, dear.

Elle ouvre la porte. Nobody là. Slamming de la porte.

CURTAIN

4. SALOME

La résidence de Lord et Lady Windermere. Un knock à la porte.

Lady W: Ce knocking à la porte est endless!

Lord W: Peut-être c'est death watch beetle, dearest.

Lady W: Je ne crois pas. Généralement, le death watch beetle entre without knocking.

Un autre knock à la porte.

Lord W: Come in!

La porte s'ouvre. Entre un crowd de Jews, Nazarenes, soldats Romains, Syrians, dancing-girls, Pharisees, publicans, sinners, etc.

Lady W: Good Lord. Ils sont vos amis, Freddy?

Lord W: Non, my dear.

Lady W: Ladies et gentilhommes! La stately maison n'est pas ouvert au public aujourd'hui! Thursday, 10–5.30!

Crowd: Madame, nous cherchons les Samaritans. Nous sommes dans un mood de mass depression.

Lady W: Les Samaritans? Dans un upper-class drawing-room in

Knightsbridge? Pas très likely, je crois. Essayez Samaria.
Crowd: Samaria! Good thinking, votre ladyship! Sorry pour la disturbance.
Exit crowd. Entre Salomé, avec la tête de Jean le Baptiste sur un platter.
Salomé: Bonjour. Je fais une porte-à-porte collection pour une good cause – Le Decapitated Prophets Distress Fund.
Lord W: Voilà un guinea.
Tête de Jean le Baptiste: Merci, guv.

CURTAIN

5. L'IMPORTANCE D'ETRE ERNEST

Le drawing-room de Lord et Lady Windermere. Lord Windermere est upright, auprès de la mantlepiece. Lady Windermere s'occupe avec le tea trolley. Salomé joue avec les spaniels. Jean le Baptiste (head only) est sur le silver salver, humming softly.
Lady W: Un cup de thé, my dear?
Salomé: Vous n'avez pas un beaker de riche et rare Tyrrhenian wine, plein de le golden sunshine de la Mer Méditerranéenne, redolent de clusters de grapes et de l'antiquité classique?
Lady W: Non. Seulement Earl Grey.
Salomé: Super.
Lady W: Je suis si fond d'un bon cuppa. Un monde without tea, c'est unthinkable. Vous savez que pendant les Middle Ages le tea était absolument unknown? No wonder que les Middle Ages étaient si dreary.
Salomé: C'est un peu après ma période. Je suis AD 0, ou thereabouts.
Lady W: Fascinant. Vous avez rencontré Jésus Christ, peut-être? A un cocktail party ou une réception?
Salomé: Non.
Lady W: Je ne suis pas surprisé. Il ne mouvait pas dans les best circles. Il avait un distressing penchant pour les publicans et les

sinners. Les sinners, je peux pardonner cela, mais les *publicans. . .* !

Tête de Jean le Baptiste: Coming soon! Coming soon! Jésus Christ, le saviour!

Lady W: Je ne crois pas que vous m'avez presentée à votre petit ami.

Salomé: Un oversight unforgivable. Lady Windermere, je vous presente à Jokanaan, mon fiancé, a.k.a. St Jean le Baptiste.

Tête de Jean le Baptiste: Répentissez! Répentissez! Jésus Christ sera dans votre neighbourhood bientôt.

Salomé: Jokanaan! *Please!* Où sont vos manners? Parler de la moralité à un tea party, c'est très infra dig.

Lord W: Votre fiancé voyage toujours sur un silver tray?

Salome: Oui. Il a perdu son corps dans un petit accident, and maintenant je le porte everywhere.

Lord W: Comme un handbag, by Jove.

Lady Windermere est sur le point de dire 'Un handbag?', mais il y a un knocking à la porte. Elle ouvre la porte. Le bloke est là, le bloke de Lady Windermere's Fan (see 2 pages back).

Fan: Ah, Lady Windermere, vous êtes plus spéciale que jamais! Non, mais je vous adore.

Lord W: Qui est ce jeune homme?

Fan: Je suis Lady Windermere's fan.

Lady W: Il vient tous les jours, avec un bunch de fleurs, et il demande mon autograph.

Lord W: Il est strangely familiar. Jeune homme, avez-vous par quelque chance extraordinaire, un acorn-shaped birthmark sur votre left shoulder?

Fan: Oui, mais . . . ?

Lord W: Mon fils! Vous êtes mon long-lost son et heir, Ernest.

Fan: Alors . . . . Lady Windermere, vous êtes ma mère!

Lady W: Non, je ne crois pas. Je n'ai jamais été pregnant. C'est si vulgaire.

Fan: Alors, qui est ma mère?

Tête de Jean le Baptiste: Sa mère est Mary, mais son père est God Almighty!

Salomé: Jokanaan – keep quiet!

Lord W: Alas, j'ignore les whereabout de votre mère. Quand j'étais un wild young bachelor, j'ai eu une affaire passionnée avec votre mère, Dorothy, mais après votre birth elle émigra. Elle voulait faire des 'good missionary works'. C'est 20 years ago. Mais où est-elle maintenant?

Un knock à la porte! Lady Windermere ouvre la porte. C'est la femme de no importance (see 2 pages back encore une fois).

Femme: Bonjour. Je suis une canvasseuse pour le SDP.

Lord W: Dorothy!

Fan: Mother!

Femme: Pardon?

Lady W: C'est un peu compliqué, mais va expliquer après le final curtain, quand il y aura more time. Meanwhile, je crois que nous avons maintenant un happy ending. C'est thirsty work, les happy endings. Anyone pour un sherry?

Toute le monde: Oui. *(Ils laissent le drawing-room et disparaissent off-stage, tout except le tête de Jean le Baptiste.)*

Tête de Jean le Baptiste: Eh, Salomé! Quelque chose pour moi, eh? Un mug de honey, peut-être? Et a few locusts sur un stick? Salomé? SALOMÉ?

CURTAIN

Les Daffodils

par Willian Wordsworth

Je ramblais, lonely comme un cloud,
  Qui flotte en haut sur dale et hill
Quand tout à coup je vis un crowd
De touristes dans le Lakeland Grill.
  Auprès du lac, dans la fraîche breeze,
Ils mangeaient tous steak, chips et peas.

Dear God! Ils semblaient tous comme sheep,
Une band de robots das une trance,
  Et comme ils mangeaient dans leur sleep,
Leur coach-driver fit cette annonce:
  'Après votre meal de steak et potage,
Nous allons tous à Wordsworth's Cottage.'

Je vis un signe pour 'Wordsworth Trips',
Des autres pour 'Wordsworth Clotted Teas',
  'Wordsworth Savoury Picnic Dips',
'Wordsworth Double Lakeland Cheese'
  – Dear God! Mon Lakeland, beau et bright,
Est maintenant un picnic site!

Je ramblais, lonely comme un ghost,
Qui flotte en haut sur dale et hills,
  Et, dans l'odeur de tea et toast,
Parmi les plastic daffodils,
  Là, où les Wordsworth tea-rooms sont built,
J'éprouvais un massif sense de guilt.

The Two Henry Vs de Verona

Un historico/tragi/comedy par William 'Bard' Shakespeare

ACTE 1

Une rue à Verona, dans le nord d'Italie. Entre Henry V, roi d'Angleterre, avec lords attending.

King: Methinks que c'est une jolie ville ici.
L'air à Verona est doux et plaisant, Most unlike le smog de London town.
Que pensez-vous, mon Duke de Buckingham?
Duke: Why, even so, mon roi, je suis d'accord.
King: Et vous, mon trusty Earl de Hemel Hempstead?
Duke: Votre Majesté parle bien. Il est beau ici.
King: Et vous, brave Baron Knightsbridge, vous aussi,
Etes-vous content avec la pasta, trois fois daily,
Le foaming jug de Lambrusco et le garlic?
Baron: C'est juste la chose pour moi, votre Majesté.
King: Mon Dieu, vous êtes un poxy gang de yes-men.
En vérité, vous détestez cette ville –
Incapables de parler un mot d'Italien
Ni de manger le spaghetti avec un fork,

Vous êtes tous home-sick pour votre native land,
Le boeuf et Yorkshire pud de Merrie England.
Tous: C'est vrai. Spot on. Nous sommes fed up ici.
King: Well, j'ai un spot de good news pour vous tous. Notre bargain
winter-break, ici à Verona, Va se terminer on the early side. Nous
prenons le homeward path on Saturday.
Duke: May I inquire, mon liege, le reasoning
Behind ce soudain changement de plan?
Etes-vous aussi, peut-être, un peu home-sick?
King: En Février? Pour England? C'est une joke, ou quoi?
Non, non. Ce matin j'ai reçu un report
De local rioting en Angleterre.
Une insurrection de marchants et tradespeople

Contre mes taxes et mon Inland Revenue.
Duke: Parce que les taxes sonts si stiffs?
King: Parce que les tax-forms sont si difficiles.
A Manchester, ils ont saisi un taxman
Et l'ont laissé, suspendu, sur un lamp-post.
Je dois rentrer, pour restaurer law et ordre.
C'est toujours la même bloody chose, n'est-ce pas?
Vous allez sur vos vacances, vous tournez votre dos,
Et puis, dans quelques moments all hell se produit.
Si seulement j'avais un second-en-commande,
Un trusty mate à qui, dans mon absence,

Je pouvais confier le job de King.
Mon frère, par exemple.
Duke: Votre *frère?'*
Mais since when vous avez eu un frère?
Vous êtes un only child, n'est-ce pas, milord?
King: Not quite. J'étais half d'un pair de twins.
Oui, j'avais un baby brother à l'âge de nought.
Duke: Et oú est-il today, ce bébé frère?
King: Je ne sais pas. A l'âge de trois années,
Mon brother alla dans un bâteau sur la Serpentine,
Avec notre aged nanny, Mistress Cuthbertson.
C'était un beau jour, du moins pour commencer,
Mais soudain vinrent des storm-clouds et un vent
Si horriblement fort que le skiff disparut!
Les waves furent cinq mètres high! Le vent siffla!
La Serpentine fut comme une glimpse de hell!

Les park attendants cherchèrent dans le gloom,
Et criaient haut: 'Come in! Votre time est up!'
Mais c'était inutile. Mon frère était missing,
Presumed perdu.
Earl: Et Mistress Cuthbertson?
King: Qui? Oh, oui. Missing aussi, je suppose.
Mais soyons cheerful sur notre bargain break.
Je suis peckish. Allons prendre tea et cake!
Exeunt. Curtain.

ACTE 2

Une autre rue à Verona. Entre Ralph, un jeune Anglais, avec son servant,
Dromio.
Ralph: Ha, prithee, Dromio, où sommes-nous ici?

Dromio: A Verona, master, au nord d'Italie.
Ralph: Et quelle sorte de ville est Verona, pray?
Dromio: Why, master, c'est une ville Italienne.
C'est a dire qu'il y à 30,000 habitants,
40,000 churches et 50,000 priests.
Le vin est bon et cheap, aussi l'ice cream;
Le driving sur la route est imbécile,
Et si on est une femme, il faut être careful.
Ralph: Ah, oui Pourquoi?
Dromio: A cause du bottom-pinching.
Ralph: Mais si un Italien fait le pinching d'un bottom,
What then?
Dromio: Le sitting down devient impossible!
Ralph: Ha ha! Tu es un très droll fellow,
Dromio. . . ! Oh, by the way, je suis à présent embarrassé
Par un shortage temporaire de ready funds.
Peux-tu . . .
Dromio: Effectuer un petit loan en cash?
Mais, master, tu me dois des wages pour huit mois!
Je suis aussi skint que toi, et plus, peut-être.
Ralph: Pour un problème drastique,
rémède drastique. Prends ce locket de mon père, de solid gold,
Et vends-le dans le market-place. Vas-y!
Dromio: C'est qui, ton père? C'est un heirloom très valable.
Tu es le fils de quelque VIP?
Ralp: Hélas! Je ne connais pas mes origines.
A l'âge de 3, je fus trouvé dans le River Thames

Par un beach-comber et sa femme, qui étaient sur le prowl
Pour des objets de valeur. Instead, c'est moi qu'ils trouvèrent.
Dromio: Et ils t'adoptèrent comme leur propre enfant?
Ralph: Non. Ils me donna un bash sur la tête, et prit mon locket.
Luckily, un constable qui passait a vu leur crime –
Il les arrêta sur le spot, et sauva ma vie.
Dromio: Et il t'adopta comme son propre enfant?
Ralph: Non. Après ça, je fus adopté par les gypsies . . .
Dromio: OK, OK, enough. Some other time, peut-être. (*Exit.*)
Ralph: Etre forcé de vendre le portrait de mon père,
C'est perdre, peut-être, le clue à mon mystère.
(*Entre le Duke de Buckingham. Il voit Ralph.*)
Duke: Votre Majesté! Que faites-vous dans ce garb?
Ralph: Hold on, hold on! Ce garb est mon best suit.
Duke: Et pourquoi êtes-vous dans ce rough part de la ville?
Ralph: Rough part? C'est assez respectable pour moi.
Mais qui êtes-vous, pour m'appeler Majesté?
Vous êtes un lunatic, ou quoi, pour avoir l'idée
Que je suis quelque forme de potentate?
Duke: Votre Majesté! Ha ha!
Bonne joke! Ho ho! J'aime bien vos merry japes et jests! Ha ha!
Ralph: Ha ha? Je vais vous donner un ha-ha, thou knave!
Know thou, je suis un simple voyageur, called Ralph.
Duke: Called Ralph? Ha ha, mon liege! King Ralph I!
Oh, thou hast un esprit extraordinaire!
Ralph: Vous êtes un idiot, thou poxy knave.
Prends ça – et ça – et ça – et aussi ça!
*Exeunt, avec Ralph qui donne un petit beating-up à l'infortuné Duke de
Buckingham. Entre le King, tout seul.*
King: C'est un rare treat pour moi, d'aller seul
Dans les boulevards d'un foreign town,
Où je suis en total incognito, tout le jour.
Personne ne dit: Hey, King! Personne ne dit,
Hey, Votre Majesté, j'ai une faveur a demander!
Entre Dromio.
Dromio: Hey, Ralph!
King:　　　　Qui, moi?
Dromio:　　　　　　　Oui, vous.
King:　　　　　　　　　Savez-vous qui je suis?
Dromio: Mais, oui! Vous êtes mon poxy, cream-faced master!
Vous êtes behind-hand, six months, avec ma salaire,
Et maintenant vous êtes un scurvy knave et thief!

King: Verily so? (*Aside.*) Je vais parler avec lui un peu,
Pour voir les limites de son amazing cheek.
(*Aloud.*) Dites-moi la raison pour votre basse opinion.
Dromio: A cause du locket qe vous m'avez donné.
Un portrait de votre père, tu dis? Le goldsmith dit
Que c'est le likeness du late king d'Angleterre!
King: Le quoi? Vous dites? Mais qui . . .? Montrez-le-moi!

Ah, diable! C'est en effet le portrait de mon père!
Dromio: Et le goldsmith dit, du roi d'Angleterre!
King: Of course! Mon père était aussi old England's king.
Dromio: Ton père . . .? Ah, maintenant je sais
Que vous êtes absolument autour du twist!
King: Say you so? Mon Dieu, you whoreson knave!
Prends ça – et ça – et ça – et ça likewise!
Exit, en battant Dromio. Curtain.

ACTE 3

– Mais enough est enough. Le reste est absolument predictable, non?
Ralph est le long-lost frère de Henry V. Dromio est le long-lost twin
frère de Baron Knightsbridge (beaucoup de laughs et misunderstand-
ings dans Acte 4.) Mistress Cuthbertson fait un surprise entrance dans
Acte 3, avec two clowns nommé Gobbo et Drobbo. Et au final curtain,
il y a une grande reunion, puis mass parting pour Angleterre, puis
final curtain.

C'est un glittering exemple du golden age du theatre d'Elizabeth I.
Ou, comme nous disons aujourd'hui, de soap opera.
Merci, et ne laissez pas les hand-bags et les umbrellas dans votre
théâtre seat.
Bon soir, et bon trip home.

Dr Johnson's
Life of
James Boswell

James Boswell, par qui j'ai l'honneur d'être persécuté pendant les derniers étages de mon life-span, fut né dans ce pays de brumes et de bruyère qu'on appelle Scotland. A un tendre âge il a laissé Scotland pour aller en Angleterre, ce qui fut sans doute la décision la plus commonsensical de sa vie, et peut-être l'unique. Thereafter il était sans cesse dans ma compagnie, où il m'a posé plus de questions que toute autre personne dont j'avais connaissance.

In fact, la conversation de Boswell consistait entièrement en questions. La vie pour lui était une non-stop séquence de questions.

'Dr Johnson,' il disait, 'quelle est votre opinion de la poésie de Milton?'

Ou bien . . .

'Dr Johnson, s'il y avait une générale élection, voteriez-vous pour a) Les Whigs b) Les Tories c) Les Socials Democrats?'

Il était, en bref, une peine au neck.

Une fois, j'ai essayé de lui poser une question.

'Dites-moi, Boswell,' lui ai-je dit, 'pourquoi me posez-vous tant de damn fool questions?'

Mais il ne fut pas vaincu si facilement.

'Dr Johnson, que pensez-vous d'un homme qui pose beaucoup de questions?'

'Why, sir, je pense qu'il est en train de collectioner de l'information pour une biographie, qui va faire une fortune pour le biographer, et pas un penny pour le sujet.'

En conséquence de sa predilection pour les questions, je n'ai jamais appris de l'information solide sur la vie de Boswell. J'ai l'impression qu'il a laissé Scotland pour aller à Londres avec l'express intention de regarder un match international de football entre Scotland et Angleterre. Presumablement, Scotland a perdu, parce qu'il préservait une silence sur le sujet.

Une fois, je lui ai demandé point-blank:–

'Eh bien, c'était un bon match à Wembley?'

Il répondit, typiquement:–

'Dr Johnson, que pensez-vous des gens vont aux football matches?'

'Why, sir, je pense qu'ils sont des rascals et des scélérats, qui sont plus intéressés à l'alcool qu'au football, et plus interessés au wenching qu'à l'alcool.'

Il rougit, et ne dit rien.

Une fois, je suis allé aux West Highlands dans un effort à éviter la compagnie de James Boswell.

C'était inutile.

A part ça, je suis tout à fait ignorant sur la vie de James Boswell. En tout cas, voilà l'article que vous m'avez demandé sur la vie de Boswell. S'il vous plaît, envoyez-moi l'argent aussitôt que possible.

Je suis skint, comme normal.

Les Freres Karamazov: Part I

Scene: le bureau d'un agent théâtral, Abe Hofmeyer. Abe Hofmeyer est un balding bloke d'environ 31. Il a toujours été balding. C'est traditional dans le business de theatrical agency. Il parle dans son intercom.

Hofmeyer: Qui est next, Miss Ruby? Les frères Karamazov? Faites-les entrer.

   Entrent les frères Karamazov.

Hofmeyer: OK – qui est le leader du bunch?

Un frère: C'est moi, M. Hofmeyer.

Hofmeyer: Et comment vous appelez-vous?

Frère: Athos Karamazov, M. Hofmeyer.

Hofmeyer: Athos, eh? Et comment ils s'appellent-ils, vos frères?

Athos: Ils sont Karpathos, Mykonos, Ios, Lesbos, Naxos, Paros, Delos, Corfu . . .

Hofmeyer: Juste un moment. Combien sont-ils altogether, les frères Karamazov?

Athos: 49, M. Hofmeyer.

Hofmeyer: 49? Holy Smoke! Vous êtes tous des génuines frères?

Athos: Oui. Eh bien, non. Naxos est seulement un cousin.

Hofmeyer: Et qu'est-ce que vous faites comme acte, les 49 frères Karamazov? Un mass display de moto-bicyclette daring? Un free-fall parachute noir 'n' blanc minstrel team? Un Charleston gang avec Dixieland band?

Athos: Non. Nous sommes un acte de ventriloquisme.

Hofmeyer: *Ventriloquisme?* 49 guys dans l'acte, et c'est seulement un

ventriloquiste duo? Vous me kiddez, ou quoi?

Athos: Non, monsieur. Vous voyez Karpathos ici?

Hofmeyer: Le grand fella? L'homme-montagne?

Athos: Oui, le Big One. Il est le plus grand frère Karamazov. Eh, bien, Karpathos est dans le chair, sitting, OK?

Hofmeyer: OK.

Athos: Et nous sommes sitting sur son knee.

Hofmeyer: Tous 49? Sur son knee?

Athos: Seulement 48. Nous sommes les dummies.

Hofmeyer: Vous êtes un bunch de jokers. Sortez d'ici immédiatement!

Athos: Mais...

Hofmeyer: Mais rien! Out!...

   Il parle dans l'intercom.

Hofmeyer: OK, Miss Ruby. Qui est le next acte? Dombey et Son? OK – faites-les entrer!

   (Coming bientôt! – Les Frères Karamazov – Part 2!)

Part II

Scène: le bureau d'un agent théâtral, Abe Hofmeyer. Dans son home, Hofmeyer est charmant, affable et domestique. Dans son bureau, il est ruthless et businesslike. Well, c'est comme ça, les agents de théâtre. Ce n'est pas une soft option.

Il parle dans son intercom.

Hofmeyer: OK – qui est next, Miss Ruby? Les frères Karamazov? Mais je les ai interviewés ce matin! What? Un autre acte avec le même nom? OK, OK, faites-les entrer.

Entrent les frères Karamazov, mais des autres frères Karamazov.

Hofmeyer: Bonjour, messieurs. Vous êtes combien?

Leader: Nous sommes six.

Hofmeyer: Bon. Le last lot, les frères Karamazov que j'ai vus ce matin, ils etaient 49.

Leader: C'est un peu excessif

Hofmeyer: Mes sentiments exactement. OK. let's go.

Silence.

Hofmeyer: Vous n'allez pas démontrer votre acte?

Leader: Non. Nous n'avons pas la costume.

Hofmeyer: Pourquoi pas?

Leader: Elle est dans le wash.

Hofmeyer: Hmm. OK. Well, comment vous vous appellez, les frères Karamazov?

Leader: Moi, je suis Charlotte. Et les autres sont Anne, Ilsa, Brigitte, Carlotta et Zizi.

Hofmeyer: Hold on, hold on. Vous êtes les frères Karamazov, n'est-ce pas?

Leader: Oui.

Hofmeyer: Et vous êtes tous des hommes? Eh bien, je vois d'ici que vous êtes des hommes. Vous avez les string vests et les barbes, les tattoos et les moustaches. Des traits bien masculins, n'est-ce pas?

Leader: Oui.

Hofmeyer: Alors, pourquoi ces noms feminins? Charlotte, Anne, etc?

Leader: Nous sommes un acte en travesti. Nous sommes des drag artistes. C'est le premier six-personne drag acte du monde!

Hofmeyer: Bon. Pourquoi pas les soeurs Karamazov?

Leader: Parce que nous sommes des hommes!

Hofmeyer: Vous êtes aussi des farceurs et des jokers! Sortez immédiatement!

Leader: Ah, ce n'est pas juste! Vous êtes un monstre! Nous avons un stunning acte ici, et vous ne voulez pas même le regarder! Vous êtes un cochon male chauviniste!

Hofmeyer: C'est vrai. Et maintenant, sortez immédiatement. Je suis un très busy guy.

Dans l'intercom.

Hofmeyer: Et le next acte, s'il vous plaît, Miss Ruby. C'est qui? Three Men in a Boat? OK – faites-les entrer!

(Coming bientôt – Les Frères Karamazov – Part 3!)

Part III

Scène: le New York bureau d'un top agent théâtral, Abe Hofmeyer. Hofmeyer est un legend dans le monde de showbiz – c'est à dire, personne ne croit à son existence. Il est 31, Jewish et balding.

Hofmeyer: Et j'ai un weight problem. N'oubliez pas le weight problem.

Et il a un weight problem. Mais il a un world-class talent pour le spotting de charisma. Quand il voit un acte avec potential, il sait immédiatement que là, dans ce rudimentary offering, il y a la possibilité de futur stardom qui . . .

Hofmeyer: Look! J'ai un job à faire! J'ai beaucoup de gens à voir! You mind?

Non. Pas du tout. Sorry.
Hofmeyer: OK.
Il parle dans l'intercom.
Hofmeyer: Miss Ruby, je suis prêt à voir le next acte. Qui c'est? *What?* Les Frères Karamazov? Encore un groupe avec le même nom? OK, OK, faites-les entrer.
Entrent les frères Karamazov. Le leader est un homme avec un stoop, une grande pair de specs et une très grande moustache noire.
Hofmeyer: Bonjour.

Groucho: Je parie que vous dites ça à toutes les jeunes filles. Comprenez, Sir, que mon coeur ne peut jamais être yours!
Chico: Atsa right, boss. Son coeur appartient au First National Life Insurance Company. Son liver appartient à Jack Daniels Distillery, Tennessee. Mais il est l'outright owner de sa moustache.
Hofmeyer: Mais – c'est un false moustache.
Groucho: Ma moustache est false? Ah, c'est du news terrible! Une two-timing moustache! Une moustache qui conduit une affair avec une autre moustache! Et only last week, j'ai découvert que mon beard a été unfaithful a moi.
Chico: So le beard a été repossessed par un finance company. Il l'a pris sur le chin.
Groucho: Je veux être alone, maintenant, préférablement avec Greta Garbo.
Hofmeyer: OK, OK, boys. Enough est enough. Now, donnez-moi une idée de votre acte.
Chico: L'acte? Mais – tout ceci, c'est l'acte. L'acte, c'est nous!
Groucho: Avez-vous jamais vu les Actes des Apostles? Now, *voilà* un acte!

Chico: Une fois, j'ai vu un Act de Congress.

Groucho: A Washington?

Chico: Nah. C'était un act de congress entre deux alligators. Neuf mois plus tard, ils avaient trois petits hand-bags.

Hofmeyer: Look, boys, je suis très busy... Cet autre fella ici, ne peut-il pas parler?

Harpo donne un grand sourire et un petit head-shake.

Hofmeyer: Well, qui fait-il? High dive dans un tank de water, peut-être?

Harpo donne un grand nod de la tête. Il fait un strip, jusqu'à une paire de bathing trunks, ouvre la fenêtre, et saute en mid-air. Il y a un grand splosh. Une pause, puis la porte s'ouvre, et il rentre, sopping wet.

Hofmeyer: Merci pour rien. Vous avez d'autres frères?

Groucho: Il y a Zeppo ici, mais il est un spare frère.

Hofmeyer: Que fait-il?

Chico: Il chante les soppy chansons dans une lacklustre voix, pendant que nous faisons les changes de costumes.

Hofmeyer: Zeppo Karamazov, eh...? Hmmmm, c'est possible. Zeppo, laissez votre carte. Les autres – scram!

Exeunt les frères Karamazov. Hofmeyer parle dans l'intercom.

Hofmeyer: Miss Ruby? No more frères Karamazov aujourd'hui, merci, OK? Et le next acte, qui c'est? Les soeurs Brontë? OK, faites-les entrer.

(Coming soon – Les Frères Karamazov – part 4!)

Part IV

(Final Part)

Scène: le bureau d'Abe Hofmeyer, theatrical agent suprême. Il a une cigare. Il a un grand desk. Surtout, il a un instinct pour le talent et le charisma. Dans un instant, il reconnaît le star quality.

Il parle dans son intercom.

Hofmeyer: Hello, Miss Ruby? Miss Ruby? (*Aside*) Miss Ruby n'a pas le star quality. C'est pour ça que son salary est si petit. (*Dans l'intercom.*) MISS RUBY! Ah, vous voilà. J'ai le temps pour encore une audition, et puis je fais le knocking-off pour le jour. Qui? Les Frères Karamazov? *Again?* Blimey O'Chaplin. OK, faites-les entrer.

Entrent les frères Karamazov, trois shaggy gentlemen en costume de Russia.

Hofmeyer: Bonjour, monsieur. Il est toujours un treat pour moi de rencontrer les Frères Karamazov. Vous êtes les fourth aujourd'hui.

Dmitri: Mais nous sommes les genuines! Les authentiques Frères Karamazov, c'est nous! Regardez ce hand-bill; 'En World Tour, Les Authentiques Frères Karamazov!'

Hofmeyer: Yeah, yeah, vous êtes authentiques, et Paris, Texas, est le capital de France. Vos noms, svp?

Dmitri: Dmitri.

Ivan: Ivan.

Alexei: Hot Lips.

Hofmeyer: Hot Lips?

Alexei: Eh bien, c'est mon nickname. Je suis Alexei.

Hofmeyer: Dmitri, Ivan et Alexei. Hmm. Like it already. Et que faites-vous, boys? Comme acte?

Dmitri: C'est un Russian acte.

Hofmeyer: Avec balalaika? Formation skiing?

Ivan: Non, non. C'est un *très* Russian act. Nous faisons le drinking, et le gambling, et les longues monologues sur le meaning d'existence, et des diatribes contre Dieu, et wenching, et le madness, et la polemique contre le gouvernement . . .

Hofmeyer: Contre le gouvernement? Ah, messieurs, je suis un loyal Américain!

Alexei: Contre le Russian gouvernement.

Hofmeyer: Bon.

Ivan: Et le murder.

Hofmeyer: Le *murder*? Vous faites le murder sur stage?

Dmitri: Sometimes. Si nous sommes dans un très Russian mood.

Hofmeyer: Hot diggity! Vous avez un acte là! Signez le contrat ici!

Soudain, dans le next room, il y a un terrible banging et shouting et crashing. Hofmeyer parle dans l'intercom.

Hofmeyer: Miss Ruby, vous êtes OK? Vous avez un nervous breakdown, ou quoi? Uh huh . . .

Il tourne aux frères.

Hofmeyer: Miss Ruby dit qu'elle est en train d'être molestée par un Fyodor somebody. C'est un ami?

Dmitri: Non. C'est notre père. Il est le plus horrible et vicieux homme du monde. C'est un monstre.

Hofmeyer: Et il part de l'acte?

Ivan: Absolument.

Alexei: Oui, il est irreplaceable.

Hofmeyer: Wonderful! Vous allez être un No.1 hit! Et votre père, il est le manager de l'acte?

Alexei: Non, le manager, c'est un Monsieur Dostoievski.

Hofmeyer: Et il est ici?

Ivan: Non. Je crois qu'il est en prison.

Hofmeyer: OK, boys, leave it to me. Je vais vous rendre célèbres.

Encore de shouting et smashing et bashing dans le next room.

Dmitri: Father! Je vais vous tuer!

Exeunt les frères Karamazov.

Hofmeyer: Ah, quel fantastic acte! Je vais être riche. Le seul problème est ce Monsieur Dosto-thingy. Mais leave it to me, leave it to me. . . .

(Coming soon à votre part du monde – les one and only Frères Karamazov! Un vrai tragic Russian act! Warning: le management ne prend aucun risque pour le safety des spectateurs quand les Frères Karamazov sont sur stage. Merci.)

Metroland

par John Betjeman

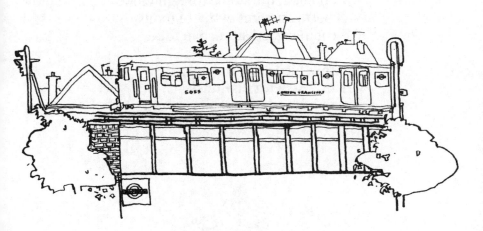

Ici, dans les leafy suburbs,
Sont les saufs suburbains homes,
Bungalows, semi-détachés,
Nothing posh comme Paris ou Rome.

Ici, dans Acacia Boulevard,
A Sunnybank ou Mon Repos,
   Il y a deux bedrooms upstairs,
Et kitch/hall/recep, below.

   Ici, dans Laburnum Terrace
– Mon Dieu, qui est ce foreign bloke?
   Il porte un béret et des oignons,
Pas comme good suburban folk.

   Sur sa bicyclette il vient,
Criant: 'Achetez oignons!
   Oubliez votre English rubbish
– Mes oignons sont tous Bretons!'

What a cheek. Qui est ce Froggy?
Je ne sais pas. Moi non plus.
    Maintenant il part. Good riddance.
Off into la distance. Phew!

    Ici, dans South Cheam et Sutton,
Nous avons simple English ways
    – Yorkshire pudding, beef et mutton,
TV dinners served on trays.

    Préservez-nous de foreign culture,
Ici en sunny Metroland!
    Notre motto soit: 'Je ne comprends pas
– I'm sorry . . . I don't understand.'

Up the Airy Montagne

par William Allingham

Up the airy montagne,
   Par les conifers,
Nous n'allons pas a-hunting,
   For fear of saboteurs;
Wee folk, grey folk,
   Guardian folk together,
Anorak, pakamac,
Dans toute sort de weather.

Ils aiment le petit fox cub,
   Mais ils détestent les hounds;
Ils peuvent tout expliquer
   Sur humanistic grounds;
Wee folk, New Statesfolk,
   Urban punters,
Having beaucoup de fun,
   Hunting the hunters.

Up the Thames et Avon,
   Down the Seine et Meuse,
Nous n'allons pas a-hunting,
   For fear of saboteurs; .
Grim folk, gaunt folk,
   Badges sur leur chest:
'Mort à Hunting!'
   'We know best!'

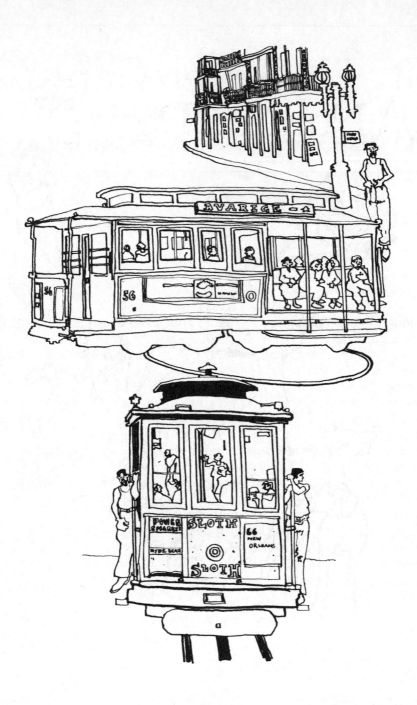

Un Street-Car Nommé Desire

par Tennessee Williams

Scene: New Orleans. Un street-car stop. Il y a un bloke dans la queue. Entre une femme.

Femme: Excusez-moi, c'est ici le stop pour le street-car?
Homme: Yeah.
Femme: Le street-car nommé Desire?
Homme: Non.
Femme: Comment, non?
Homme: Vous avez trois street-cars qui stoppent ici. Il y a le street-car nommé Sloth, un street-car nommé Avarice et un street-car nommé Envy.
Femme: Mais pas un street-car nommé Desire?
Homme: Non. Sorry, lady.
Femme: Vous n'êtes pas, par quelque chance, un acteur nommé Marlon Brando?
Homme: Non. Je suis un stevedore nommé Fernandez.
Femme: Pardon. C'est ma faute. Je suis dans le wrong play.
Homme: C'est OK par moi, lady.
Femme: Merci. Vous êtes gentil . . . Vous n'avez pas le temps pour un quick one, je suppose?
Homme: Pourquoi pas?
Exeunt.
Curtain.

Le Traveller

par Walter de la Mare

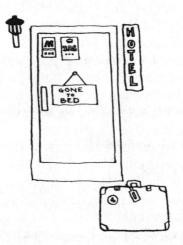

Y a quelqu'un là? dit le Voyageur,
En frappant à la porte silente.
Et le signe dit: Sorry, Gone to Bed,
Et le clock dit: Une Heure Trente.
Y a quelqu'un là? dit le Voyageur,
Avec un bang sur l'hôtel door.
Mais l'écho disparut dans les shadows,
Comme si tout le monde fut mort.
Outside, dans la rue, c'était empty;
Ni un car, ni un coach, high or low,
Sauf la voiture du Voyageur,
Un clapped-out Deux Chevaux.
Inside, dans le lobby, tous silents,

Les ghosts écoutaient aussi,
Et le moonlight, pâle et jaune, brillait
Sur les signes AA et RAC.
Y a quelqu'un là? dit le Voyageur,
Kicking la porte avec son foot.
Mais tout le silence dit: Sorry,
L'hôtel est complètement shut.
Dans le cocktail bar une olive
Tomba sur le carpeted floor;
Et le clock dans le hotel lobby
Dit: Presque 1.44.
J'ai réservé une chambre pour la nuit!
Roared le Voyageur dans l'air,
Et c'était duly confirmé
De la part de ma sécretaire!
Un single, avec bain, pour Thursday!
J'ai le voucher ici, dans ma main!
Mais l'hôtel ne fit pas de réponse,
Et la porte ne lui dit rien.
Le Voyageur revint à sa voiture,
La voiture fit Vroom, vroom!
Et off they went, tous les deux,
Sur le quest pour un single room.
C'était silence again dans l'hôtel,
Pas un whisper. Pas un peep.
Dans le lobby le hôtel night porter
Snored, un fois, dans son sleep.

Northanger Abbey
v.
Mansfield Park

Un ripping football yarn
par Jane Austen!

Dans le morning mail il y avait une lettre avec un postmark intéréssant: Northanger. Jemima prit son couteau de papier et l'ouvrit avec une expression de thoughtfulness sur ses features. Avait-elle des acquaintances à Northanger? C'était un commodious market town d'environ 20,000 habitants, dont la majorité fut employée dans la pre-stressed manure industrie, mais, au best de sa recollection, elle n'avait jamais rencontré une personne engagée dans la manufacture de pre-stressed manure. Elle était sûre qu'elle se souviendrait de quelqu'un avec une si infortunée occupation. La very pensée lui donna un petit shudder.

'Vous avez une lettre là, Jemima dear?' dit sa mère, qui était un busybody perpétuel. Sur l'autre main, il est quelquefois advisable pour une mère à être un busybody; une jeune fille de 18 ans qui est convaincue qu'elle sait bien la vie et qu'elle est worldly-wise, pourrait avoir un nasty choc. Sans une busybody mother.

'Oui,' dit Jemima, qui comme une enfant avait cultivé un truthfulness extrême, et commençait seulement maintenant à le perdre. 'Oui, c'est une lettre. De Northanger. Un market town d'environ 20,000 habitants, dont la plupart . . .'

'Jemima!' dit sa mère, juste à temps. 'Je vous défends de faire une référence à pre-stressed manure! Il n'est pas fitting. Qui vous a écrit la lettre?'

'Je ne sais pas.'

'Vous ne savez pas? Il n'y a pas de signature?'

'Si, mais je ne l'ai pas encore lue.'

'Blimey,' dit George, le jeune frère de Jemima. 'C'est une slow-moving conversation et no mistake. Lisez la flaming lettre et brisez la suspense!'

'George,' dit sa mère brusquement. 'Combien de fois vous ai-je demandé de ne pas parler comme ça? Firstly, le blustering n'est jamais effectif – souvent, in fact, il produit l'effect opposé. Secondly, il ne faut pas parler aux jeunes filles comme ça.'

'Pourquoi pas?'

'Parce que nous sommes dans un Jane Austen novel, et il faut observer certains standards de behaviour dans la conversation.'

'Blimey O'Reilly,' grommela George.

'Pardon?' dit sa mere. 'Je n'ai pas exactement écouté ce que vous venez de dire.'

'Je disais,' dit George avec un ready falsehood, 'que vos observations sur la scène sociale sont imbuées de bon sens, et que je suis unworthy à avoir une telle mère.'

'Bon,' dit sa mère, qui n'était pas toujours adepte dans la detection de l'ironie et qui en tout cas était prête à savoir l'identité du correspondent de Jemima, qui, pendant tout ce temps, avait pérusé les contents de la lettre et était maintenant, présumablement, dans une position à lui dire le nom et la position sociale de celui qui avait écrit la lettre – assumant toujours, of course, que le mystérieux correspondent était un gentleman et pas une lady.

'Dites-moi, chère Jemima,' dit sa mère, 'de la part de qui vous reçu une lettre si fascinante?'

'C'est une lettre écrite par M. Henry Stone de Northanger,' dit Jemima. 'Vous vous souvenez de sa presence au dinner-party chez les Wintertons, en August?'

'Non, je ne crois pas . . .'

'Oui!' interrompa George. 'C'était un grand bloke, avec une tête comme un turnip et des whiskers comme un cobweb, qui avait le bad breath.'

'George!' admonisha sa mère. 'Pour la umpteenth fois, ne parlez pas en cette manière barbare! C'est très confusant pour le lecteur si vous ne parlez pas comme une Jane Austen caractère!'

George ne dit rien. Jemima prit l'occasion de commencer le public reading de la lettre.

'Ma chère Miss Wetherall,' elle lut aloud. 'C'est peut-être une liberté impardonnable de ma côté, mais je veux faire référence au plaisir que j'ai éprouvé en faisant votre connaissance au splendid dinner-party chez la famille Winterton il y a quelques semaines, et prendre avantage de ce meeting pour demander s'il est possible de continuer notre acquaintance. En bref . . .'

'En bref!' dit George, et il donna un rire sardonique.

'En bref,' continua Jemima Wetherall, 'je voudrais bien vous offrir une invitation à un outing next Saturday. J'ai un spare ticket pour la Cup fixture entre Northanger Abbey et Mansfield Park . . .'

'Hot diggity!' exclama George. 'Ça sera un humdinger, ce match! Lucky vieille Jemima!'

'C'est entièrement hors de la question,' dit Mrs Wetherall, firmly. 'Il est unthinkable. Jemima, à un football match, avec un total étranger, et sans chaperon? Quelle idée grotesque!'

'Votre mère pensera, sans doute, que c'est une idée grotesque,' continua Jemima en lisant la lettre, 'donc je me hâte à vous rassurer qu'il y aura un grand party au football match, de 16 personnes, y compris 11 maiden aunts. Nous serons accommodés dans un private box, et il n'y aura pas de mingling avec le commun crowd. Votre acceptance, chère Miss Wetherall, me donnera un vif plaisir.'

'Hmm,' dit sa mère,' la position overall devient un peu plus raisonnable. Je n'ai pas une totale objection à votre presence au match, Jemima; still je souhaite savoir un peu plus sur ce jeune gentleman.

Qui est-il? Quels sont ses prospects? Est-il un homme de substance?'

'By the way,' Jemima dit, en commençant le deuxième page de la lettre, 'j'ai 26 ans, je suis un bachelor, j'ai £7,000 per annum, je possède une grande maison à Northanger et mon père est le patron de six usines de pre-stressed manure.'

'Bon,' dit la mère. 'La manure est un pity, mais otherwise, très bon.'

'Mon lucky numéro est 13, ma couleur favori est rouge et je suis Taurus.'

'Il a un sens de l'humour, votre M. Stone,' dit George. 'Dit-il quelque chose au sujet du football match, par hasard?'

'PS,' termina Jemima, 'dites à votre jeune frère que, pending un late fitness test, Bickerstaff jouera sur le left wing et il est raring à aller. Knapper, le nippy striker pour Mansfield Park, a tiré un hamstring et il est sur l'injury list. Un 2-0 victory pour les Nightingales, at least.'

'Yippee!' cria George. 'Il est un bon oeuf, votre Henry. J'espère que vous vous mariez et ayez beaucoup d'enfants.'

'George!' remonstra Mrs Wetherall, ineffectuellement.

'Alors, j'ai votre permission à aller?' demanda Jemima doucement.

'Well, je ne suis pas sûre . . .'

Jemima savait que, quand sa mère hésitait, elle finissait toujours par donner sa permission. Elle alla à la recherche du papier et d'une plume pour répondre à M. Stone.

'Et moi?' dit George plaintivement. 'Je peux aller aussi à la big game, Saturday, moi?'

'Non,' dirent Jemima et sa mère ensemble, for once réunies.

'Mais c'est wasted sur Jemima,' protesta George. 'Elle ne peut pas distinguer un goal-post from une knitting needle! Football-wise, elle est un woodentop!'

'Pour la dernière fois, George, essayez de parler comme le reste de votre famille!'

'Mais football n'est pas une girl's game!' fut le dernier cri de désespoir de George. En quoi il avait raison, parce que le spectacle de 22 hommes complètement développés, en full pursuit d'une petite balle, n'est pas calculé à former un hobby attractif pour la jeune fille normale. Une girl's game, c'est être en full pursuit de l'homme complètement développé: purpose, mariage. Et c'est pour cette raison que Jemima avait accepté l'invitation de M. Stone, en qui elle voyait déjà la possibilité d'une long-term compatibilité.

Même s'il était dans la manure trade.

Après le match, Jemima rentra à la maison avec un air de thoughtfulness extrême sur ses features.

'Well,' dit Maman. 'Dites-moi toute la nouvelle. Est-il agréable? Vous a-t-il parlé d'une manière expressive et animée? Est-il courteois et intelligent?'

'A-t-il poppé la question?' dit George.

'C'était un match très agréable,' dit Jemima. 'La compagnie de M. Stone et ses maiden aunts m'était très congénial, et l'après-midi a passé très vite.'

'Et le résultat du match?' dit George. 'Quel est le résultat du match? Qui a gagné?'

'Je ne faisais vraiment pas attention au football,' dit Jemima. 'Il y avait beaucoup de shooting et shouting, mais je ne regardais pas.'

'Well, for heaven's sake, en quel couleur jouait le winning side? C'était bleu et claret, ou un strip blanc?'

'Je ne sais pas, George. Ne m'agacez pas avec vos questions juveniles.'

'Juveniles?' exploda Georges. 'Jesus flaming Christ! Nous sommes supposedly dans un football yarn, et vous reconnaissez même pas le résultat! Well, sod it, dis-je!'

'George!!' dit sa mère. 'C'est le dernier straw. Vous n'êtes pas worthy d'une position dans ce novel. Out! Out, immédiatement.'

'Et où?' dit George, contemptueusement.

'Je ne sais pas. For all I care, dans un Bertolt Brecht play.'

The Resistible Chalk Circle de Szechuan

Une drame nouvelle par Bertolt Brecht

ACT 1.

Dans le city, Jan, un pauvre mais honnête membre du working class, est dans le market place, où il vend les petits poissons de papier sur un stick.

Jan: Qui veut acheter mes petits poissons de papier, sur un stick! Vous agitez le stick dans le vent, et les petits fish font un très joli pattern! Regardez! Regardez! Qui veut acheter mes petits poissons? *Silence.* Nobody, voilà la réponse. Je suis dans une starving situation, parce que je suis forcé à vendre les petits poissons sur un stick, dans le market place. *Entre un corrupt juge, dans un mask.*

Juge: Yeeeergh, mmmmbubb Khraaanchk!

Jan: Come again?

Juge: Yeeeeergh, mmmmmmbubb, Khraaaanchk!

Jan: C'est très difficile de vous comprendre, quand vous êtes dans un mask comme ça. *Il tire le mask, et le juge fait son escape du mask.* Maintenant, que dites-vous?

Juge: Je disais – je suis stuck dans ce bloody mask!

Jan: Ah. Well, maintenant vous êtes libre.

Juge: Merci, mon enfant.

Jan: Voulez-vous acheter un petit poisson sur un stick?

Juge: Non, merci.

Jan: Ah, c'est de la gratitude! Je vous aide à vous évader de votre mask, et maintenant vous me niez un tout petit peu de récompense.

Juge: Ce n'est pas de ma faute. Je suis un juge corrupt. Il n'est pas dans ma caractère d'aller dans le market-place et acheter un petit poisson sur un stick. Believe me, j'aimerais bien, mais ce n'est pas très Brechtien. Mon rôle dans la vie, c'est d'aller dans le city avec un bloody stupid mask, et être corrupt et dictatorial. Comme vous et vos petits poissons – c'est votre rôle Brechtien. Vous êtes un life member du proletariat, et vous êtes welcome, even if vous êtes le goody.

Jan: Ah, mais non, mais non. En mon cas, c'est héréditaire. Mon père était un marchand de petits poissons de papier, et son père avant lui, et son père avant lui.

Juge: Et son père avant lui?

Jan: Non. Il était un drag artist.

Juge: Hmm. Si je peux être personal . . .

Jan: Soyez mon guest.

Juge: Well, l'origine de votre poverty est peut-être que votre family a été dans le wrong business. Les petits poissons sur un stick, ce n'est pas un world-beating product comme un mouse-trap ou un soda syphon. Les mouse-traps, les soda syphons, il y a toujours un demand là. Mais le paper fish sur le stick . . . . bien, c'est un whim de fashion.

Jan: Mmmmm . . . .

Juge: Franchement, je crois que votre grand-grand-grand-père avait le right approach. Drag artist. Il y a toujours un demand pour les drag artists. Moi, j'aime bien les drag artists.

Jan: Moi – dans un frock?

Juge: Pourquoi pas? vous avez shapely thighs, et lovely lips. In fact, si vous voulez venir à ma maison plus tard . . . .

Jan: Ah non! C'est dégoûtant! Vous cherchez à me corrupter. Pas seulement vous insultez mes forebears, maintenant vous voulez me séduire avec votre argent et votre position! Vous êtes un dirty vieux juge!

Juge: Of course. C'est mon rôle. Demandez à Bertolt. Ce n'est pas de ma faute.

Jan: Quand la révolution vient, et quand la population monte contre votre corruption, ils vont vous suspendre d'un lamp-post!

Juge: Of course. C'est leur rôle. Mais j'aurai ma revenge.

Jan: Comment?

Juge: Ils vont être arrêtés pour la suspension illégale d'un juge à un lamp-post, sans permission, dans un keep-tidy area.

Jan: Bertolt a dit ça?

Juge: Non. Je l'ai inventé, all by myself.

Jan: Ah! En ce cas, vous n'êtes pas totalement typecast! Vous avez la choix libre!

Juge: Mmm. Je n'y avais pas pensé. Vous êtes un clever young individuel.

Jan: Alors . . . vous voulez acheter un petit poisson de papier sur un stick?

Juge: Non. Vous voulez venir chez moi, pour un peu de slap-et-tickle homosexuel?

Jan: Pas spéciallement.

Juge: Alors, nous sommes dans un no-score draw situation, je crois.

Jan: Je suis du même thinking.

Juge: Bon. Au revoir. Et vive la révolution! *Exit le corrupt juge.*

Jan: Hey! Vous avez oublié votre mask! Hey. . .! Il s'est allé. Je me demande ce qu'on peut obtenir sur le black market pour un mask? Surtout si Bertolt ne sait pas. Il serait furieux s'il savait que le juge avait abandonné son precious mask. *Entre George Wetherall, qui a l'air confus. Pas exactement amazing, really, quand vous considérez que, quelques instants avant, il était dans un milieu middle-class d'environ 1795, dans un comfy spot dans les Homes Counties, et que maintenant il a été transporté à un city Brechtien dans le milieu de nowhere, face à face avec un nutty bloke qui tient beaucoup de morceaux de papier rouge sur beaucoup de sticks.*

Jan: Hello.

George: Ah – vous parlez Anglais!

Jan: Oui. Mais dans un traduction assez mauvaise. Still, toutes les traductions brechtiennes sont pretty mauvaises.

George: Ah, oui? *Il retraite un peu. Oui, ce bloke est définiment hors de son trolley.* By the way, connaissez-vous le resultat du match?

Jan: Quel match?

George: Northanger Abbey v. Mansfield Park.

Jan: Quelle game?

George: Football.

Jan: Quel country?

George: England.

Jan: Je n'ai pas le foggiest idea. Tout ça est unknown pour moi.

George: Vous ne connaissez même pas England? Dans quel country sommes-nous maintenant?

Jan: En Brechtland. C'est un joli pays au middle de nowhere, occupé par les corrupt juges, les blokes en masks et les pauvres workers.

George: Et les industries principales?

Jan: La production de masks, et le moving de scenery.

George: By heaven – un singular country.

Jan: Et no mistake. Ummmm – voulez-vous acheter un paper fish sur un stick?

George: Pourquoi pas? Ça amusera Jemima sur mon return. C'est combien?

Jan: Vous allez acheter? Vous allez actually acheter? Vous avez la sérieuse intention de faire la purchase d'un poisson?

George: Pourquoi vous êtes si surpris?

Jan: Parce que c'est la première fois dans un Brecht play qu'on fait un sérieux, honnête, straightforward, capitaliste spot de business.

George: Well, well, you don't say. Voilà un sovereign. Je n'ai de small change.

Jan: Un morceau de gold! Maintenant je suis un millonaire! Mes troubles sont over! One moment un Brechtien worker, le next moment, un Brechtien capitaliste! Il est si facile de changer l'allegiance. Merci, mon petit ami from England. Et voilà un cadeau pour vous; un mask, formerly le property d'un corrupt juge.

George: Merci.

Avec curiosite, il met sa tête dans le mask, et il se trouve dans un fix. Il est stuck dans le mask. Le mask est unremovable. Et meanwhile, le Brechtland scenery est gradually dissolving and les surroundings de Georgian England se forment peu à peu, parce que nous sommes back dans. . . .

NORTHANGER ABBEY v. MANSFIELD PARK *(continued)*

Jemima donna un gasp. Dans les paisibles surroundings du sitting-room il y avait soudain un homme dans un mask. Un homme masqué dans le festive setting d'un costume ball est all very well, mais dans votre very own drawing-room – well!

'Vous m'allez donner le plaisir de me dire votre identité?' dit-elle.

Comme ce formula ne produit nul résultat, elle fut plus bref.

'Qui êtes-vous?'

L'homme, après une struggle violente, finalement échappa du mask.

'Mon nom est George Wetherall.'

Jemima donna un autre gasp.

'Ce n'est pas vrai! C'est impossible! Mon frère, George Wetherall, est dead these 20 années!'

'Votre frère, madame? Mais ma sister était une jeune dame de vingt ans, et vous êtes, si vous pardonnez l'expression, sur le wrong side de 40.'

Jemima donna un 3ème gasp. Les gasps étaient sa spécialité.

'Non, je vous assure, monsieur, que je suis Jemima Wetherall, soeur de George Wetherall qui a soudain disparu, il y a vingt ans, juste avant mon mariage.'

'Alors,' dit George, 'vous vous êtes vraiment mariée à Henry Stone de Northanger, et moi, j'ai passé les last 20 years dans un time-warp!'

La porte s'ouvrit et un homme entra, le very same Henry Stone, mari et père de leurs trois enfants. Jemima expliqua toutes les circonstances – le time-warp, le vanishing. George expliqua sa visite en Brechtland, le mask, etc.

'Tiens,' il dit, 'j'ai un cadeau pour vous. Je ne sais pas si vous aimez les paper fish sur un stick, mais . . . .'

'Il est gentil!' dit Jemima. 'Je vais le donner à mon eldest.'

'Well,' dit Henry Stone, 'that is approximativement that. Nous avons d'autres topics à couvrir?'

'Maman est alive et well?' demanda George.

'Oui, oui, merci,' dit Jemima. 'Well.'

'Good,' dit George.

'Yes,' dit Henry Stone.

C'était une sparkling conversation.

'Well,' dit Jemima, 'si c'est all wrapped up, might as well terminer l'histoire. Fin du novel, et all that.'

'Un moment!' cria George. 'Nous avons oublié quelque chose de très, très important! Le résultat du match!'

'Quel match?' dit Henry Stone.

'Northanger Abbey v. Mansfield Park! Le match où vous avez rencontré Jemima pour la seconde fois, le jour de ma disappearance!'

'Mais c'est 20 years ago,' dit Henry Stone, 'C'est bien longtemps. Je n'ai pas le faintest idea de la score.'

'Vous êtes un jerk,' dit George, outragé. 'Vous êtes un lousy, low-down, stupide, frigging . . . .'

'Georges!' dit Jemima warningly. 'N'oubliez pas les mots de Maman. Si vous ne parlez pas un peu comme un Jane Austen character, vous ne pouvez pas être dans un Jane Austen novel.'

Mais c'était trop tard. Far too late.

George avait disparu, again.

Un second vanishing trick.

Cette fois, il était un minor character dans un pulp novel des 1930s, écrit par un rival inférieur de Raymond Chandler.

Vous voulez aller dans son pursuit?

Ou vous voulez rester ici et call the whole thing off?

Bon, d'accord.

Je n'ai pas l'énergie d'aller dans un inferieur pulp novel des 1930s.

Alors, finissons là.

Bon. Au revoir.

Oh, by the way! The result du match était, Northanger Abbey 3: Mansfield Park 1. Mansfield Park avait un homme sent off.

Dites cela à George, si vous le rencontrez somewhere, dans some livre.

Merci.

Lady Chatterley's Lover

L'authentique version

C'était dinner-time à Chatterley Hall.

Nothing posh. Un simple soûper pour deux.

Lady Constance Chatterley avait une salade. Elle était sur un diet.

Sir Clifford, dans son wheel-chair, avait une très petite salade. Il n'était pas sur un diet, mais dans un wheel-chair vous n'avez pas beaucoup d'exercice. C'est triste, really.

Mais les gens handicappés, ils ne demandent pas la pitié. La sympathie, oui. Un hand avec le wheel-chair, oui. La pitié, jamais.

La conversation était desultoire. Le traffic était mauvais dans le town. . . ? Encore un drop de mayonnaise. . . ? Cette sorte de chose.

Puis Sir Clifford parla.

'By the way, Connie, tu as rencontré Mellors aujourd'hui?'

'Le gamekeeper? Oui, pourquoi?'

'Tu sais. Ce sujet que nous avons discuté.'

'Quel sujet?'

'Mon sexual inadequacy.'

'Oh, Clifford! Really! Pas à meal-time!'

Je suis un peu avec Lady Chatterley ici. Le sexual inadequacy, c'est un peu off-putting à meal-time. Avec le café et les liqueurs, peut-être, mais over la salade? Cela a un mauvais effect sur l'appétit.

Mais Sir Clifford insista. Il était comme ça, Cliff Chatterley.

'J'insiste, chérie. Il faut confronter les facts. Après mon wound en World War I, je ne suis pas un husband complet, et c'est très hard sur

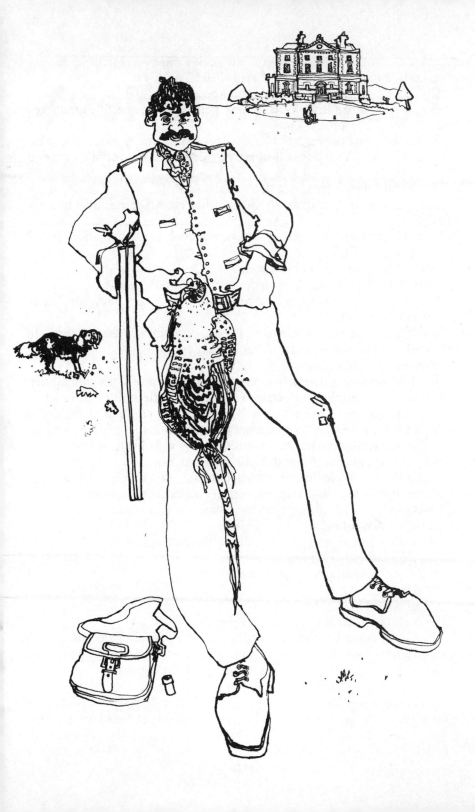

toi. Donc, j'ai fait la suggestion d'un petit fling avec Mellors, qui est un grand, jeune bloke et un Lothario, I bet!'

'Clifford, c'est dégoûtant! Un gamekeeper!'

'Ne sois pas un snob, my dear. Une petite affaire avec lui serait très bonne pour toi. Pourquoi pas?'

'Parce que je ne trouve pas Mellors très handsome et parce que je ne trouve pas sex très intéressant et parce que je suis heureuse comme je suis.'

Sir Clifford donna un shrug des shoulders.

Lady Constane fit signe au butler de rémouver les assiettes de salade.

Le butler alla à la cuisine, et répéta à la cook la conversation de Sir Clifford et Lady Constance.

La cook la répéta à la parlour maid.

La parlour maid répéta la conversation à son boy-friend.

Son boy-friend répéta la conversation a son ami, un Monsieur David Herbert Lawrence.

'Wow!' dit Lawrence. 'Un plot pour un novel là! Mais je suis sûr que vous avez la conversation le wrong way round.'

'How come?' dit l'ami.

'Well, je suis sûr que Lady Constance est engagée dans une affaire passionnée avec Mellors, et que sir Clifford est furieux.'

'Non, non, je ne crois pas . . .'

'Si, si! C'est la seule interpretation possible.'

Et David Herbert Lawrence commença son novel le next jour.

Moi, je n'ai pas l'intention de le lire.

Je trouve cette sorte de chose un peu naff.

Je suis avec Lady Chatterley là.

Vous pas?

Oui, j'en suis sûr.

The Wind in the Willows

par Brian Johnston, Freddie Trueman,
Henry Blofeld, Trevor Bailey, etc

'... Et Dilley recommence son walk-back encore une fois, c'est un lovely matin ici à Lords, un slight nip dans l'air peut-être, mais il y a beaucoup de room dans le ground, et si vous êtes en reach de Lords, pourquoi pas venir ici, Dilley tourne, il commence son run-up avec l'action familière, past umpire Pilley, et il bowle à Twilley, et c'est une stroke forward et defensive, pas de run là, et Dilley recommence son walk-back encore une fois, pendant que Twilley fait un peu de patting sur le pitche, quelque bump qui a attrapé son attention, peut-être, mon Dieu, il est boring ce Test Match, et voici Dilley qui fait son run-up, past umpire Pilley, et il bowle, et Twilley n'offre pas une stroke, il laisse la balle absolument alone, quite right, mais incroyablement boring quand même, il y a un forward short leg, c'est Quilley qui porte le safety helmet qui est une sorte de blue colour, mon Dieu, je suis un grown-up et me voilà donnant une description de colour du safety helmet comme mon living, je dois être fou, oui, je suis totalement lunatique, quand je rentre à ma home dans l'evening, et mes enfants me disent: Papa, que faites-vous pour un living? – faut-il leur dire: Mes chers enfants, je donne la description du safety helmet du forward short leg?!? ...

'Et ... Et Dilley recommence son walk-back, avec cette loping stride, c'est la dernière balle de l'over, et après moi, Ray Illingworth....'

The Compleat Angler

par Izaak Walton

Un rod, ligne, etc.

Un net.

Un stool (folding).

Un grand basket.

Un très grand umbrella, préférablement golfing, préférablement 2-striped, préférablement vert et blanc.

Une paire de boots (longs).

Un ex-Army jacket (couleur: spinach green).

Un paquet de sandwiches (un fish paste, un fromage, un tomate).

Une pomme.

Un paquet de crisps.

Un thermos flask (de thé, pre-mixed avec sucre, lait etc).

Une grande bouteille de lemonade.

Une grande bouteille de Scotch.

Une banane.

Un packet de biscuits (fig roll *ou* ginger nut)

Quelques petits bars de chocolaterie anglaise, par exemple, Mars Bar, Bounty, Kit Kat, etc.

Un demi-gâteau, probablement sponge.

Un autre paquet de crisps, d'une flaveur différente.

Un paquet, ou probablement deux, de peanuts (salted, *pas* roast).

Un petit pork pie (10% pork, 80% pie, 10% wrapping).

Une petite tube de Smarties, ou similaire. Polo, peut-être. Peut-être tous les deux.

4 tins de lager.
Un boiled oeuf.
Un twist de salt.
Aussi de pepper.
Un autre paquet de crisps, la même flaveur que le premier.
2 paquets de cigarettes (filtres).
Un paquet de tablets digestifs.
Une carte de membership de BUPA.
Un body donor card.
L'adresse de next de kin.